LE TEMPS DES AMBITIONS

La Renaissance

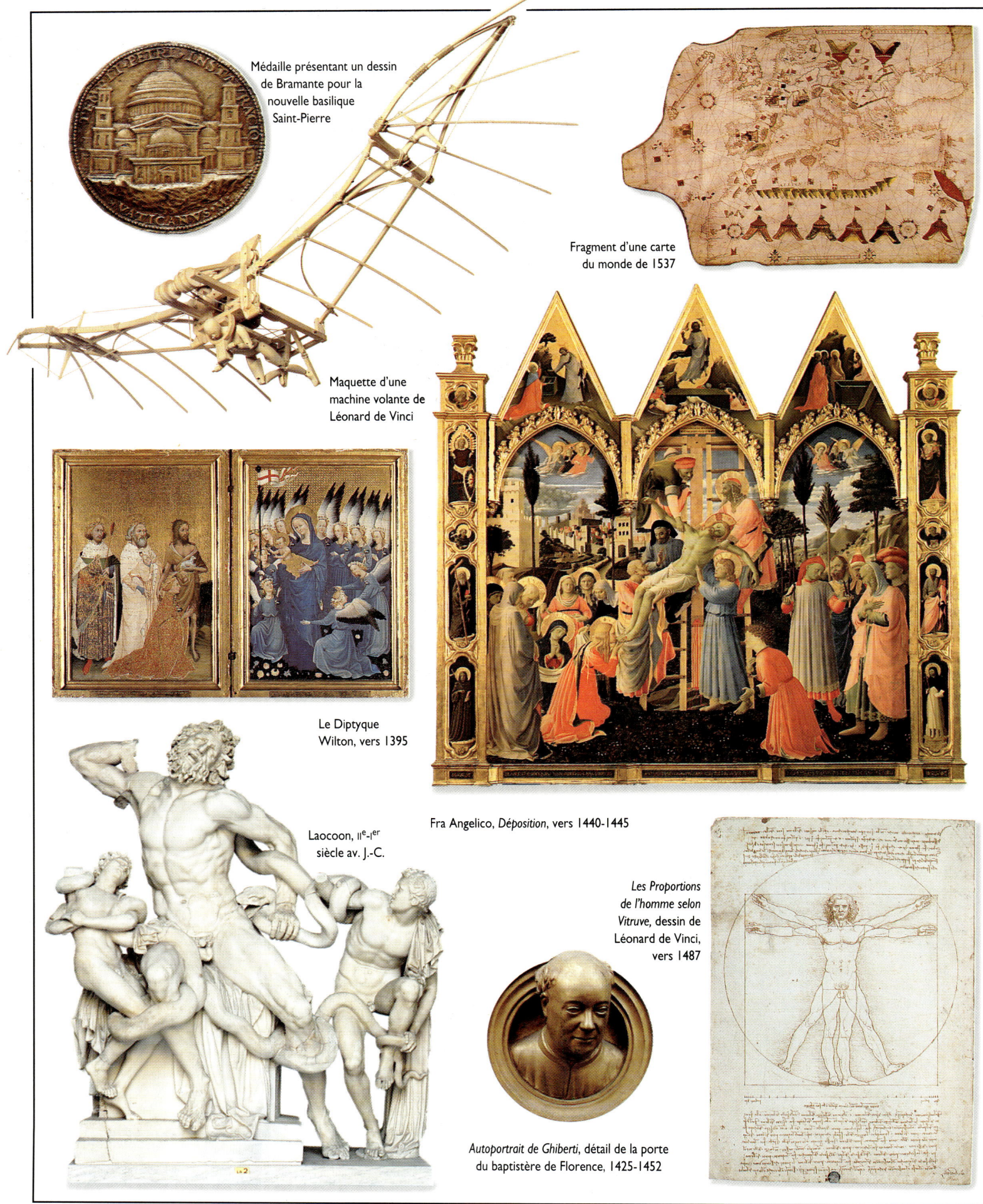

Médaille présentant un dessin de Bramante pour la nouvelle basilique Saint-Pierre

Fragment d'une carte du monde de 1537

Maquette d'une machine volante de Léonard de Vinci

Le Diptyque Wilton, vers 1395

Fra Angelico, *Déposition*, vers 1440-1445

Laocoon, IIe-Ier siècle av. J.-C.

Les Proportions de l'homme selon Vitruve, dessin de Léonard de Vinci, vers 1487

Autoportrait de Ghiberti, détail de la porte du baptistère de Florence, 1425-1452

LE TEMPS DES AMBITIONS

La Renaissance

par Alison Cole en association avec la National Gallery, Londres
Traduction et adaptation de Patrice Bachelard et Pascal Bonafoux

Joachim Patenier, *Saint Jérôme dans un paysage montagneux*, 1515

Titien, *L'Assomption et le couronnement de la Vierge*, 1516-1518

Ghiberti, *Joseph en Égypte*, détail d'une porte du baptistère de Florence, 1425-1452

Masaccio, *Adam et Ève chassés du Paradis*, vers 1427

GALLIMARD

Michel-Ange, *Moïse*, vers 1515

Raphaël, *Portrait de Baldassare Castiglione*, vers 1514-1515

Bois gravé par Albrecht Dürer, *Saint Jérôme dans son cabinet de travail*, 1492

Direction éditoriale et artistique

Responsables éditoriaux :
Luisa Caruso, Peter Jones,
Gwen Edmonds et Sean Moore

Directeurs artistiques :
Tracy Hambleton-Miles
et Toni Kay

Maquettiste : Simon Murrell

Maquettiste PAO : Zirrinia Austin

Responsable de la fabrication :
Meryl Silbert

Iconographes :
Julia Harris-Voss et Jo Evans

Édition originale parue sous le titre :
Eyewitness Art Guide "The Renaissance"

 Copyright © 1994 Dorling Kindersley Limited, Londres
Copyright pour le texte © 1994 Alison Cole

Pour l'édition française :
ISBN 2-07-058473-9
Copyright © 1994 Éditions Gallimard, Paris

« Loi n° 49-956 du 16 juillet 1949
sur les publications destinées à la jeunesse »

Dépôt légal : septembre 1994
Numéro d'édition : 68108

Imprimé en Italie par
Arnoldo Mondadori Editore, Vérone

Andrea del Castagno, *David*, vers 1450

Hugo Van der Goes, *Triptyque Portinari*, vers 1476-1478

Reliquaire contenant le crâne de saint Dominique

Sommaire

- **6** Qu'est-ce que la Renaissance ?
- **8** L'apport de Giotto
- **10** Peindre à Sienne
- **12** La Renaissance à Florence
- **14** Sculpture de la première Renaissance
- **16** Le style courtois
- **18** La chapelle Brancacci
- **20** Le naturalisme flamand
- **22** Le métier de l'artiste
- **24** Images de dévotion
- **26** Inspiration classique
- **28** L'« invention » de la perspective
- **30** Harmonie et beauté
- **32** Botticelli et la mythologie
- **34** L'apparition du paysage
- **36** Le génie de Léonard de Vinci
- **38** Les expérimentations de Léonard de Vinci
- **40** Dürer le pionnier
- **42** La Réforme
- **44** La République de Venise
- **46** Titien, le maître de la couleur
- **48** L'apogée de la Renaissance
- **50** Le renouveau de Rome
- **52** Raphaël et les chambres du Vatican
- **54** Les « divins » pouvoirs de Michel-Ange
- **56** Le plafond de la Sixtine
- **58** L'Europe du Nord et l'Italie
- **60** Le Maniérisme
- **62** Chronologie, glossaire ; table des œuvres présentées
- **64** Index

Albrecht Dürer, *Saint Antoine devant la ville*, 1519

Qu'est-ce que la Renaissance ? Les étapes et la géographie

Le terme « Renaissance » s'applique à la période de l'histoire de l'Europe occidentale qui s'étend du début du XIVe siècle à la moitié, si ce n'est la fin du XVIe siècle. Les écrits de l'époque utilisent le mot pour décrire un mouvement spécifique : l'esprit de renouveau de l'art et de la littérature. Ce mouvement s'ébaucha avec la redécouverte de textes de l'Antiquité, popularisés par l'Italien Pétrarque (1304-1374), poète et latiniste érudit, pour qui le Moyen Âge représentait une période d'obscurité. Plus tard, Érasme de Rotterdam (vers 1469-1536) effectua de nouvelles traductions de textes anciens et d'une « littérature plus pure ». Le concept de Renaissance des arts fut élaboré par le Florentin Giorgio Vasari (1511-1574), premier historien de l'art. Il affirmait dans son livre « Vies des plus excellents peintres, sculpteurs et architectes » (1550) que l'art avait connu vers 1250 une seconde naissance en Italie, s'y était développé au cours d'une « enfance » et d'une « jeunesse », pour atteindre au XVIe siècle sa maturité. C'est cette conscience aiguë de participer à quelque chose de nouveau et de supérieur qui confère à la Renaissance sa cohérence incomparable. Au nord et au sud des Alpes, on assista à un regain d'intérêt pour le naturalisme. Les Italiens l'abordaient au travers de leur passé romain tandis que les Flamands cherchaient à découvrir la vérité grâce à l'observation de la nature elle-même. Les échanges entre ces deux approches furent déterminants.

Coupe de la période alexandrine (Ier-IIe siècle av. J.-C.)

La tasse Farnese
Les Italiens de la Renaissance idéalisèrent leur passé classique et virent dans leur propre époque un second âge d'or. Les œuvres de l'Antiquité étaient souvent copiées.

Naissance de Vénus
Sandro Botticelli, tempera sur toile, 175 x 275 cm, vers 1484
Cette œuvre célèbre représente la naissance de la déesse de l'Amour. Le choix de thèmes mythologiques est tout à fait emblématique de l'engouement de la première Renaissance pour les idéaux antiques. Botticelli, comme certains de ses prédécesseurs, s'est inspiré d'une sculpture romaine, la *Vénus Médicis*, en l'adaptant au goût florentin de son temps. Il a raffiné et simplifié toutes les figures, accusant ses effets en peignant des draperies flottantes et de longs cheveux déliés. La rythmique des formes de l'art gothique (style de l'Europe du Nord) se marie à la stylisation des reliefs romains. Un tel entrecroisement des influences médiévales et antiques est un signe de l'art de la première Renaissance.

D'UNE NOUVELLE MANIÈRE DE PENSER ET DE REPRÉSENTER LE MONDE

Cette carte de l'Europe politique dans les années 1450 montre les principaux centres artistiques d'Italie et d'Europe du Nord.

Autoportrait
Albrecht Dürer, huile sur toile, 170 x 124,5 cm, 1500
L'artiste de la Renaissance obtint d'être reconnu comme un réel créateur, et non plus comme un simple artisan. La mathématique appliquée à la perspective (p. 28) et aux proportions (p. 30), et la composition de traités théoriques ont permis d'élever peinture, sculpture et architecture au rang des arts libéraux, et peu à peu l'idée de l'accomplissement d'un homme universel se fit jour. Le personnage le plus important de la Renaissance en Europe du Nord fut le peintre et graveur allemand Albrecht Dürer (p. 40-41). Il réalisa cet autoportrait « à la manière du Christ » pour témoigner du pouvoir de création qui lui avait été conféré par Dieu. Ce changement du statut de l'artiste s'effectua en Italie plus tôt qu'en Allemagne, comme en témoigne une lettre que Dürer écrivit d'Italie vers 1505 ; il était reçu en gentilhomme, alors que chez lui il était considéré comme un parasite.

Le Christ, maître de l'univers
L'autoportrait de Dürer a la majesté de cette mosaïque byzantine de la cathédrale de Monreale en Sicile. Au Moyen Âge, l'Italie fut dominée par l'art gréco-byzantin, que les artistes de la Renaissance jugeaient fruste comparé à l'art romain antique.

Pietà
Michel-Ange, marbre, haut. 174 cm, vers 1498-1500
Cette sculpture monumentale a été réalisée par Michel-Ange (p. 54-55), pour un cardinal français qui lui avait demandé « la plus belle œuvre de marbre de tout Rome ». La Pietà (Vierge de la pitié) est un sujet médiéval de l'Europe du Nord qui montre la Vierge pleurant son fils mort. La sculpture de Michel-Ange est la première version de ce thème en Italie. Elle témoigne d'une des tendances de la Renaissance, inspirée par Platon, à idéaliser le corps humain.

LES CENTRES DE LA RENAISSANCE

On désigne par « première Renaissance » l'art toscan entre 1400 et 1500, annoncé par Giotto et illustré dans la cité-État de Florence par Masaccio, Donatello et Botticelli. La Renaissance proprement dite fait référence aux arts de la Rome papale, de Florence et de la République de Venise, entre 1500 et 1540-1580. Les figures de proue en sont Michel-Ange, Raphaël, Léonard de Vinci (qui assure la transition entre les deux époques) et Titien. La « Renaissance de l'Europe du Nord » réunit, entre 1400 et 1550, des artistes aussi divers que Dürer, de Nuremberg, et Van Eyck, de Bruges.

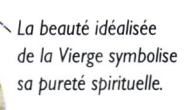

La beauté idéalisée de la Vierge symbolise sa pureté spirituelle.

L'APPORT DE GIOTTO EXPRESSIONS ET ÉMOTIONS DU CORPS HUMAIN

Le Florentin Giotto di Bondone (vers 1267-1337) fut célébré de son vivant pour le naturalisme révolutionnaire de son style novateur. Ses contemporains furent particulièrement frappés par l'intensité riche en émotions et le réalisme dramatique de son art. Le célèbre poète Dante (p. 13) le désigna comme le premier de tous les peintres, et l'écrivain Boccace lui rendit grâce pour avoir ramené l'art de la peinture en pleine lumière, après des siècles d'obscurité. Giotto fut considéré comme celui qui opéra une transition entre l'art primitif byzantin (p. 7) et un style naturel que l'on associait alors à la Rome antique. Son œuvre la mieux préservée, le cycle de peintures exécutées à la fresque (p. 63), dans la chapelle des Scrovegni à l'Arena de Padoue, en est une illustration exemplaire. Son traitement monumental du corps humain, pour illustrer des séquences narratives des *Scènes de la vie de la Vierge et du Christ* de manière à la fois simple et théâtrale, servit de modèle à des artistes comme Masaccio (p. 18-19) et Michel-Ange (p. 54-55).

Conventions médiévales
Ce vitrail de la cathédrale gothique de Cologne (1280) est un exemple du mode ancien de représentation qui permettait de raconter une histoire. Il présente l'Annonciation : l'archange Gabriel révèle à la Vierge qu'elle va concevoir et porter un fils.

La Légende dorée
De nombreuses images de la vie de la Vierge et des saints ont été inspirées par la *Légende dorée*, écrite au XIIIe siècle par Jacques de Voragine.

La chapelle des Scrovegni
Le marchand Enrico Scrovegni fit construire, dans sa ville de Padoue, la chapelle qui porte son nom (dite aussi de l'Arena). Elle était consacrée à l'Annonciation. On chargea le jeune Giotto de la décorer de *Scènes de la vie de la Vierge et du Christ*.

Giotto

LA RENCONTRE À LA PORTE DORÉE

Giotto, fresque, 200 x 185 cm, vers 1306

Cette scène émouvante de la chapelle des Scrovegni illustre la rencontre, telle qu'elle est rapportée dans la *Légende dorée*, de Joachim et Anne, futurs parents de la Vierge, à l'une des portes de Jérusalem. Alors qu'il était dans le désert, Joachim eut une révélation. De son côté, Anne avait reçu la visite d'un ange qui lui avait annoncé qu'elle allait être mère. Leur baiser symbolise la conception de la Vierge.

AU SERVICE DES SAINTES ÉCRITURES

Joachim et Anne, détail de *La Rencontre à la porte Dorée* (en bas à gauche)

Le Christ et Judas, détail de *Le baiser de Judas* (ci-dessous)

Les expressions de l'âme

La façon dont Giotto traite l'expression des visages et des attitudes de ses personnages leur confère une remarquable puissance psychologique. La tendresse du baiser de Joachim et d'Anne (à l'extrême gauche) s'exprime par la superposition de leurs visages et la douceur de leurs mains. Dans *Le baiser de Judas* (à gauche), la tension de l'attitude de Judas s'oppose au calme du visage du Christ.

Chef-d'œuvre de Giotto conteur

La mosaïque de Giotto appelée *La Navicella*, qui décorait l'ancienne basilique Saint-Pierre de Rome, mettait en scène avec une admirable diversité les attitudes des personnages : chacune témoignait du trouble de leur esprit. Gravement endommagée, elle est restée célèbre grâce aux gravures qui la reproduisent.

Morale chrétienne

Cette figure symbolise le vice de l'inconstance. Elle est l'une des personnifications des vertus et des vices peints au bas des murs. De telles représentations étaient fréquentes dans la peinture et la sculpture médiévales. L'Église les utilisait pour donner corps à des valeurs morales abstraites.

LE BAISER DE JUDAS

Giotto, fresque, 200 × 185 cm, vers 1306
Cette scène de la *Vie du Christ* de la chapelle des Scrovegni illustre la trahison de Judas. Jésus est debout au milieu des soldats, et Judas en l'embrassant le désigne. Comme c'était la coutume, le peintre évoque dans le même espace un autre épisode, au cours duquel saint Pierre coupe l'oreille d'un des servants du grand prêtre. Celui-ci semble guider de son index pointé le regard du spectateur.

PEINDRE À SIENNE La peinture au service de la foi et des vertus

Au XIVe siècle, un style singulier se développa dans la cité-État de Sienne. La personnalité de Duccio di Buoninsegna (vers 1260-1319) exerça sur l'évolution de l'art siennois et de la peinture française une influence décisive, comparable à celle de son contemporain Giotto sur l'art florentin. Duccio s'appuya sur la tradition byzantine italienne (p. 7), en combinant avec audace la simplicité de son style linéaire, la splendeur de ses couleurs et sa puissance décorative avec un sens nouveau des proportions humaines. Ses successeurs et ses élèves, parmi lesquels Ambrogio Lorenzetti (actif de 1319 à 1348) et Simone Martini (vers 1284-1344), en développèrent les innovations stylistiques. Lorenzetti excella dans les images naturalistes, anecdotiques alors que Martini déployait une puissante qualité d'ornemaniste.

Cathédrale de Sienne
Entre 1250 et 1350, la cathédrale de Sienne fut considérablement agrandie ; on lui ajouta une nouvelle coupole et une façade monumentale due à Giovanni Pisano (p. 19). On construisit un campanile et on redécora l'intérieur. Après la victoire inespérée que remporta Sienne sur Florence en 1260, la cathédrale devint le lieu privilégié de célébrations rituelles et d'actions de grâces.

Reconstitution de la *Maestà* de Duccio

L'Annonciation

Au revers de la *Maestà*, trente scènes de la vie du Christ étaient peintes sur le même mode et dans le même style.

L'Annonciation
Duccio, tempera sur panneau, 43,2 x 43,8 cm, 1308-1311
Ce petit panneau est extrait du grand retable réalisé par Duccio et son atelier pour la cathédrale de Sienne, et connu sous le titre de *Maestà*, qui signifie image de la Vierge « en majesté ». En juin 1311, le transport de ce polyptyque, de l'atelier de Duccio à la cathédrale, donna lieu à une procession enthousiaste, au sein d'une foule ébahie par sa taille et sa splendeur. En 1771, il fut démantelé et vendu à l'étranger. La reconstitution présentée à gauche en montre la face principale.

Allégorie du Bon Gouvernement

Lorenzetti présente une image très ordonnée de la ville et de sa campagne : grâce à un bon gouvernement, la noblesse, les marchands et les paysans remplissent exactement leur rôle.

Ambrogio Lorenzetti, fresque, 240 x 1 400 cm, 1338
Comme la cathédrale, l'hôtel de ville ou Palazzo Pubblico tenait un grand rôle dans la vie civique. Lorenzetti peignit sa célèbre *Allégorie du Bon et du Mauvais Gouvernement* dans la salle de la Paix. Les effets du bon gouvernement sur la cité et sa campagne (à droite) illustrent scrupuleusement les règles locales (ainsi aucune armoirie ne doit paraître à l'extérieur des bâtiments), tandis que la Justice, condamnant un criminel au pilori, vole dans les airs. Le paysage est celui de la vallée de l'Arbia, que traverse la route de Rome.

POLITIQUES ET CIVIQUES

Le mouvement de la Vierge, qui se détourne du messager divin, accentue le naturalisme de la scène.

L'Annonciation
Simone Martini et Lippo Memmi, tempera sur panneau, 265 x 305 cm, 1333

En 1333, Simone Martini peignit pour la cathédrale de Sienne ce retable, avec l'aide de son beau-frère Lippo Memmi. Le sujet, l'Annonciation, était choisi pour la première fois comme thème principal d'un tableau d'autel. Les paroles de l'archange Gabriel : « Vous êtes bénie entre toutes les femmes, et le Seigneur est avec vous », qui indiquent le moment de l'incarnation du Christ, sont inscrites en latin, en relief sur le fond recouvert d'or.

Le miroitement de ces motifs donne un rayonnement surnaturel au visage.

Motifs décoratifs
Martini fut le premier à utiliser des poinçons élaborés (ci-dessous) pour travailler la feuille d'or. L'auréole est ici gravée à l'aide de compas et de pointes sèches, et l'or estampé de nombreux dessins.

Les carreaux sur le manteau de l'ange accentuent encore son mouvement naturel.

Le vase contient des lis blancs, symboles de la pureté de la Vierge.

Le sol de faux marbre renforce l'effet de richesse.

Décoration au poinçon
Une fois la surface à peindre recouverte d'or (les feuilles d'or sont appliquées sur une préparation de terre rouge, puis polies), on y grave des motifs au poinçon. L'empreinte de l'outil doit bosseler la surface et le support sans percer la feuille d'or.

Poinçon et sa marque

Poinçons
Les Siennois cultivèrent leur goût pour les surfaces dorées et poinçonnées et exportèrent leur technique à Florence. La plupart des poinçons de l'époque étaient façonnés à la main, ce qui leur connaît un caractère unique.

La Renaissance à Florence — La puissance financière de

L'opulente république de Florence fut le lieu d'un des plus spectaculaires épanouissements de la Renaissance. En dépit des pestes de 1340 et de 1348, puis des guerres civiles, des révoltes populaires et des conspirations politiques, Florence ne cessa de prospérer tout au long du XVe siècle. Commune indépendante gouvernée par de riches familles de marchands et par des guildes, la ville était célèbre pour sa tradition libérale, l'habileté de sa politique et la maîtrise de sa production artisanale. Entre 1434 et 1494, sous l'égide des Médicis, de fertiles échanges entre hommes politiques, artistes et érudits transformèrent Florence en un foyer culturel d'une vitalité incomparable. Fière de ses succès, elle élabora un programme de construction ambitieux qui avait pour dessein de faire de la cité un modèle d'harmonie.

Vue de Florence
Au XVe siècle, Florence annexa les territoires de la plupart de ses voisins rivaux, devenant ainsi la ville d'Europe la plus importante. Bien qu'environnée par les collines de Toscane et protégée par ses fortifications, la cité avait une existence précaire. Cette carte montre la ville divisée par l'Arno et dominée par la coupole de la cathédrale qui devint l'emblème des vertus civiques de la République florentine.

Le dôme de la cathédrale
Construite au XIVe siècle, la cathédrale Santa Maria del Fiore restait inachevée car les problèmes techniques que posait sa couverture semblaient insolubles. Brunelleschi dessina, entre 1420 et 1436, ce dôme, construit sur huit ogives autoportantes, et qui présente encore des caractères essentiellement gothiques.

Les structures tectoniques de la coupole sont visibles de l'extérieur.

La lanterne qui permet à la lumière d'inonder l'intérieur de la coupole fut parachevée par Michelozzo après la mort de Brunelleschi.

Innovations techniques
Brunelleschi inventa une machine élévatrice pour que les maçons n'eussent pas à porter sur leur dos de lourds matériaux jusqu'aux hauteurs du dôme.

Un système de poulies pour actionner un ascenseur

La complexité de la cathédrale du XIVe siècle contraste avec la structure harmonieuse et simple du dôme.

Buste de marbre de Brunelleschi, considéré comme le plus fameux des architectes florentins.

PHILIPPI BRVNELLESCHI
FLORENTINI ARCHITECTI
CELEBERRIM EFFIGIES
OB·AN·SAL·M·CCCCXLIIII

Ghiberti remporta un concours qui l'opposa à Brunelleschi pour la conception des nouvelles portes du baptistère de Florence.

Buste de Brunelleschi
Filippo Brunelleschi (1377-1446) suivit un apprentissage d'orfèvre, comme Donatello et Ghiberti (p. 14-15). Il se tourna vers la sculpture, puis l'abandonna pour l'architecture. Le dôme de la cathédrale de Florence est son chef-d'œuvre.

Une géométrie nouvelle, fondée sur les proportions humaines, donne un sentiment de sérénité.

Église du Saint-Esprit
En 1436, Brunelleschi dessina l'église du Saint-Esprit où se lisent les idéaux de la première Renaissance. Les colonnes corinthiennes et les arcades reproduisent fidèlement des modèles de l'Antiquité.

QUELQUES FAMILLES CONSACRÉE À UN IDÉAL DE BEAUTÉ

La chapelle Tornabuoni
Cette chapelle, située à l'intérieur de la grande église dominicaine Santa Maria Novella, fut commandée par la famille Tornabuoni, qui était liée aux illustres Médicis par de nombreux mariages. Giovanni Tornabuoni, qui dirigeait la banque des Médicis et les finances du pape Sixte IV, désigna le peintre populaire Domenico Ghirlandaio (1449-1494) pour la décorer de *Scènes des vies de la Vierge et de saint Jean Baptiste*.

APPARITION DE L'ANGE À ZACCHARIE (DÉTAIL)

Domenico Ghirlandaio, fresque, 1485-1490

Le cycle des fresques peintes par Ghirlandaio à Santa Maria Novella reste un témoignage exceptionnellement vivant de la vie politique à Florence au XVe siècle. Ce détail illustre comment un épisode des Saintes Écritures pouvait se transformer en hymne à la prospérité de Florence. Ici, les membres de la famille Tornabuoni sont représentés comme les « témoins » de la scène ; en compagnie des érudits les plus importants du cercle médicéen.

Inscription latine au fronton du temple classique

Dante debout devant Florence
Domenico di Michelino, fresque, 1465
Florence est fière de son histoire littéraire depuis qu'elle a enfanté Dante (1265-1321), Boccace (1313-1375) et Pétrarque (p. 6). Cette représentation de Dante tenant *La Divine Comédie* fut peinte dans la cathédrale de Florence après que Ravenne eut refusé de renvoyer les précieuses cendres.

Le penseur Machiavel
L'homme politique et philosophe Nicolas Machiavel (1469-1527) assista à la chute de la république de Florence, en 1512. Membre influent du régime républicain, il passa son exil à analyser les manifestations de l'égoïsme humain et les réalités du pouvoir politique. Il mit l'accent sur la prééminence de Florence en soutenant que sa langue devait être celle de toute l'Italie. Son œuvre la plus célèbre demeure *Le Prince*.

Symboles de la Commune
Le Palazzo Vecchio, monument médiéval, fut le siège du gouvernement de la République. Il est décoré des armoiries de la ville, des quartiers et des institutions publiques. Le célèbre symbole de Florence, le lis rouge, fut adopté à la fin du XIIIe siècle.

Ce buste de plâtre du XVIe siècle, qui représente Machiavel, est l'œuvre d'un maître florentin anonyme.

Sculpture de la première Renaissance

Au début du XVe siècle, l'émulation et parfois même la concurrence qui régnaient entre les artistes provoquèrent une véritable surenchère d'innovations dans l'art de la sculpture florentine. Les guildes, associations indépendantes qui représentaient les intérêts des métiers et des commerçants, rivalisaient pour la décoration des bâtiments publics. Les sculpteurs basèrent leur style – notamment pour les bas-reliefs, où les volumes semblent surgir d'une surface – sur celui de la sculpture gréco-romaine, qui marque de la manière la plus évidente l'ancienneté de leur tradition. En revanche, au nord de l'Europe, on prit le parti de formes d'un style plus majestueux, plus vivant et plus réaliste. Le sculpteur florentin Lorenzo Ghiberti (1378-1455) déclarait volontiers que son art avait été influencé par l'œuvre d'un orfèvre de Cologne.

Les portes du baptistère de Ghiberti

Les portes du Baptistère

Ghiberti consacra sa carrière à créer deux portes au baptistère de Florence. À peine avait-il terminé la porte nord (1403-1425) qu'une guilde lui en commanda une seconde (réalisée de 1425 à 1452).

La « porte du Paradis »

Michel-Ange avait une immense admiration pour la porte est du Baptistère (l'original est conservé dans un musée). Il l'appela « porte du paradis ». Double, elle devait se composer de vingt-huit panneaux représentant des épisodes de l'Ancien Testament ; mais Ghiberti en réduisit le nombre à dix, combinant plusieurs épisodes dans chacun d'entre eux.

Portrait

Parmi les médaillons qui décorent le cadre de la porte, celui-ci encadre un autoportrait humoristique de Ghiberti.

Le Puits de Moïse

Claus Sluter, bois polychrome, h : 1,83 m, 1395-1406 Cette œuvre gigantesque réalisée par le sculpteur néerlandais Sluter (vers 1350-1406) fit autrefois partie du cloître de la chartreuse de Champmol (Dijon). Les figures, massives et distinctes, révèlent le parti pris réaliste de l'art de l'Europe du Nord (p. 28-29).

Joseph en Égypte

Ce panneau est un détail de l'une des portes de Ghiberti ; il prouve la maîtrise avec laquelle l'artiste compose la perspective d'une scène en plusieurs plans. De gracieuses figures occupent le premier plan ; certaines d'entre elles se déplacent au sein de l'immense architecture du plan médian ; enfin, le lointain se développe comme un paysage (à la manière de Donatello, en bas, à droite).

L'art du sculpteur

Ce détail d'une frise, sculptée par le Florentin Nanno di Banco (vers 1374-1421), figure un tailleur de pierre prenant des mesures et un sculpteur au travail. Ce bas-relief forme la base d'une niche consacrée à la guilde des tailleurs de pierre dans l'église d'Orsanmichele. Chaque guilde disposait d'une niche qu'elle devait décorer d'une statue. Les incertitudes politiques de l'époque leur imposent de faire ces sculptures en moins de vingt ans et de les commander aux sculpteurs les plus célèbres de l'époque.

Idéalisation au sud ou réalisme au nord : l'Europe se divise

Saint Georges

Donatello, marbre, h : 2,09 m, 1415-1417

C'est cette statue de saint Georges, conçue pour une niche d'Orsanmichele, qui valut à Donatello (vers 1386-1466) sa renommée. Saint Georges était le patron de la guilde des armuriers. L'intensité dramatique de l'expression est accentuée par les sourcils froncés, la gravité du visage et le sentiment de puissance maîtrisée qui s'en dégage : chaque muscle est tendu, le bouclier repose en équilibre sur sa pointe, et les mains, au repos, restent empreintes de vigilance.

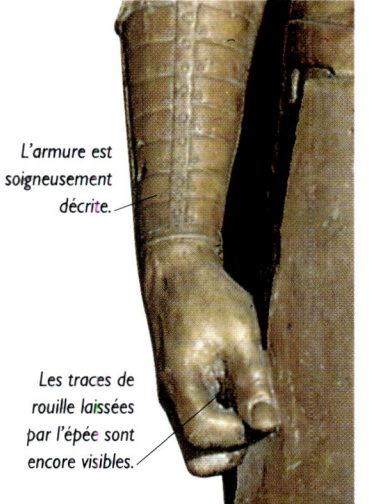

L'armure est soigneusement décrite.

Les traces de rouille laissées par l'épée sont encore visibles.

L'épée manquante

Le poing du saint, représenté ci-dessus, se referme désormais sur un vide. C'était la place occupée par une épée de métal (à l'origine façonnée par les armuriers, commanditaires de Donatello) qui s'est corrodée. Pointée en direction des passants, cette arme accentuait encore l'impact réaliste de la statue.

Les trous à l'arrière de la tête montrent que saint Georges portait autrefois un casque.

Ce panneau est présenté en détail ci-dessous.

Tribune

Luca della Robbia, marbre, 3,28 × 5,60 m, 1431-1438

Cette tribune de marbre, *cantoria* en italien, était la place des chanteurs. Cette œuvre de Luca della Robbia (1400-1482) est l'une des plus célèbres de la première Renaissance. Elle était à l'origine placée face au grand autel, au-dessus de la porte de la sacristie nord de la cathédrale de Florence. Des enfants et des adolescents sont représentés chantant et jouant de la musique. Ils illustrent les versets du psaume 150, dans lequel Dieu est glorifié « au son des trompettes, des instruments à cordes et des orgues ».

Détail de la tribune

Si les bas-reliefs de Luca della Robbia s'inspirent des exemples romains, ils développent un charme et une vitalité propres au goût de Florence à cette époque. Della Robbia a créé un idéal de grâce au moyen des lignes flottantes des draperies et de la suavité des formes sculptées et polies. Cette *cantoria* faisait face à une autre, de Donatello, dont les figures, en comparaison, peuvent sembler violentes.

Saint Georges et le dragon

Ci-dessous, Donatello écrase le relief. Ses personnages sont peu en saillie, et la perspective traitée en dégradés successifs se dissout en une simple gravure.

Une nouvelle conception du bas-relief surgit dans le marbre situé derrière la statue de saint Georges.

Outils

Les outils du sculpteur n'ont presque pas changé pendant des siècles : les ciseaux pointus servent à entailler largement la pierre pour dégager la forme, tandis que les plats permettent de modeler les surfaces.

Le style courtois — Une nouvelle élégance internationale née

À la fin du XIVe siècle, au moment où les rapports entre les cours européennes se multipliaient, le goût pour l'art gothique, au nord comme au sud des Alpes, prend une dimension internationale. Ce nouveau style, appelé « gothique international », fleurit dans toute l'Europe occidentale entre 1380 et 1430, s'étendant d'une cité à l'autre au gré du développement des routes et de l'accroissement du commerce. Il fut modelé par le penchant aristocratique pour l'élégance, l'abondance des ornements et les splendeurs décoratives. Les détails naturels, magnifiquement déployés par l'art gothique, figuraient souvent dans des scènes plus réalistes mais dont la dimension ornementale n'était jamais exclue. Nourri dans les principaux centres de Paris et de Bourgogne — où la grâce et la délicatesse des enluminures des manuscrits français mêlent l'imagerie et les modes de la peinture siennoise et flamande — le style courtois eut, par son raffinement, une influence déterminante dans l'Italie du Nord.

Tapisserie décorative
Le style ornemental du gothique international convenait à la nature décorative des tapisseries. La série des « Chasses du Devonshire » (détail de *La Chasse à l'ours et au sanglier*, de 1430-1435) est l'une des rares qui nous soient parvenues de cette production du début du XVe siècle.

Le Diptyque Wilton
Tempera sur panneau, chaque panneau 53 x 37 cm, vers 1395
Sur ce diptyque (p. 25), sans doute destiné à l'autel privé de Richard II d'Angleterre, on voit le roi lui-même, présenté à la Vierge et à l'Enfant par le roi Edmond et par Édouard le Confesseur en compagnie de saint Jean Baptiste. Les tuniques bleues des anges sont ornées du cerf blanc des armes du roi Richard. La grâce des figures est typique du nouveau style.

Intérieur du diptyque

Extérieur du diptyque

Le volet droit présente le cerf blanc de Richard II.

Les armes d'Édouard le Confesseur sont insérées dans le blason du roi Richard II.

Avril (extrait des « Très Riches Heures du duc de Berry »)
Les frères de Limbourg (Paul, Herman, et Jean) travaillèrent pour le duc de Berry, l'un des plus grands collectionneurs de livres enluminés. Ils décorèrent pour lui un célèbre livre d'heures (ouvrage religieux contenant des prières, des sujets de méditation adaptés à chaque heure, jour ou mois). Cette illustration est un exemple parfait de l'élégance du gothique international : il met en scène des personnages aux silhouettes longilignes, vêtus de riches et souples draperies, dans la profondeur d'un paysage naturaliste.

DU DÉVELOPPEMENT DES ÉCHANGES

L'Adoration des mages

Gentile da Fabriano, tempera sur panneau, 300 x 282 cm, 1423

Cette œuvre spectaculaire fut peinte par Gentile da Fabriano (v. 1370-1427), artiste de l'Italie du Nord, pour l'un des citoyens les plus riches de Florence, le banquier Strozzi. Gentile avait travaillé auparavant pour la Sérénissime république de Venise et les cours princières du nord de l'Italie. Ce tableau d'autel était destiné à la sacristie de l'église de Santa Trinità, dans laquelle le clergé se parait de vêtements liturgiques somptueux. L'extrême ornementation du cadre est assortie à la splendeur des Rois mages et de leur suite qui descend de la montagne.

Décoration d'or

L'éclat de l'or se détache sur la surface peinte comme pour donner l'illusion de véritables objets en or massif. L'effet a été obtenu en recouvrant d'une feuille d'or des reliefs de « gesso » (sorte de plâtre très fin que l'on utilisait pour enduire les panneaux de bois avant de les peindre).

Les étroits panneaux de l'encadrement sont décorés de fruits et de fleurs.

Une nouvelle lumière

Cette scène, détail de la prédelle de *L'Adoration des mages* montrée ici, illustre le voyage de Marie, de Joseph et de l'Enfant Jésus de Bethléem à Jérusalem, ou peut-être leur fuite en Égypte. Gentile da Fabriano a renoncé au traditionnel fond recouvert d'or (qui apparaît dans le ciel du panneau principal) pour créer un paysage dominé par un véritable ciel bleu. Le rayonnement atténué du soleil marque les débuts d'une nouvelle phase de naturalisme dans l'art italien. La lumière éclaire les bâtiments du lointain, les douces collines, les fruits et les frondaisons.

LA CHAPELLE BRANCACCI Les nouveaux repères et les nouvelles

Masaccio (1401-1428) est le premier grand peintre italien du début de la Renaissance. S'il reprend à son compte l'héritage de Giotto, il se sert des innovations de ses contemporains florentins (l'expressivité des sculptures de Donatello, les systèmes perspectifs de Brunelleschi) pour créer un style sobre et monumental, empreint d'un profond naturalisme. Son nom de baptême était Tommaso, mais il fut surnommé Masaccio, Thomas le Sale, en raison de son désintérêt pour les biens de ce monde et de son allure négligée. Son art lui ressemble : franc, sans décoration, loin des sophistications ornementales du style gothique international, il est tout entier attaché à traduire la présence physique et spirituelle de ses personnages. La plus célèbre de ses œuvres se trouve à Florence ; il s'agit du fascinant cycle de fresques qu'il a réalisé pour la chapelle Brancacci, dans l'église Santa Maria del Carmine, auprès d'œuvres de son collaborateur, Masolino da Panicale (1383 ?-vers 1440).

Écrits classiques
La traduction de *L'Histoire naturelle* de Pline (Ier siècle av. J.-C.) en 1493, qui décrit le réalisme des peintures anciennes, accrut la réputation de Masaccio.

La Résurrection de Tabitha

Masolino da Panicale, fresque, 225 x 598 cm, vers 1425.

Ces fresques furent commandées en 1423 par Felice Brancacci, riche marchand et diplomate. En 1428, le cycle demeurait inachevé. Il fut terminé en 1481 et 1482 par Filippino Lippi (p. 23). L'élégance du style de Masolino, son usage d'un nouveau système de perspective souffrent de la comparaison avec le naturalisme de Masaccio. Les deux épisodes bibliques de *La Guérison de l'estropié*, à gauche, et de *La Résurrection de Tabitha*, à droite, sont représentés ici dans le cadre d'une Florence contemporaine. Les galets sur le sol guident le regard vers un paysage urbain rempli de détails.

Le Tribut

Masaccio, fresque, 225 x 598 cm, vers 1425

Les deux scènes les plus célèbres, *La Résurrection de Tabitha* et *Le Tribut*, se font face. L'une et l'autre sont peintes en fonction d'un même point de vue, et les groupes se développent vers le haut de manière à donner l'illusion de pénétrer à l'intérieur de la scène elle-même. La modernité de Masaccio transparaît dans la gravité des poses et l'intensité des expressions des visages ; dans la façon dont l'attention du spectateur est concentrée par le jeu de la perspective (toutes les lignes de fuite convergent vers la tête du Christ) ; enfin, par la qualité de la lumière qui unifie l'ensemble.

DIMENSIONS DU REGARD

La tête d'Adam (détail ci-dessous, à gauche) rappelle l'un des damnés sculptés par Giovanni sur la chaire de la cathédrale de Pise (à gauche).

Inspiration par la sculpture
Masaccio fut influencé par la sculpture de Giovanni Pisano (v. 1248-apr. 1314), fils du célèbre Pisan Nicola Pisano (mort v. 1283). Les Pisano redonnèrent vie aux formes héroïques de la sculpture classique, qui furent une source d'inspiration pour les personnages peints par Giotto.

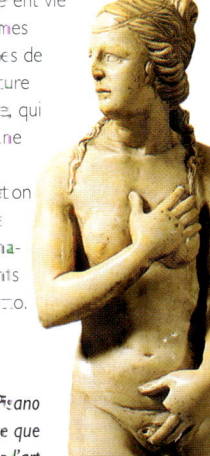

Le personnage de Pisano doit sa pose à ce que l'on appelait dans l'art ancien « Vénus pudique ».

Le poids du corps du personnage porte sur une seule jambe, à l'exemple des statues antiques.

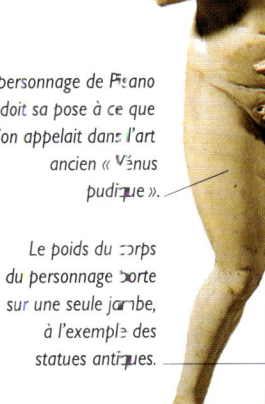

Âmes tourmentées
Chez Masaccio, tout comme chez Giotto, ce sont les postures corporelles qui expriment les émotions des personnages. La souffrance d'Ève s'exprime par la désespérance de son visage.

Le tourment d'Adam est plus intérieur : sa honte transparaît dans la façon dont il se couvre le visage de ses mains. Tandis qu'il se penche en avant, Ève renverse la tête, la bouche ouverte dans un cri d'angoisse.

Les ancêtres d'Ève
Le personnage d'Ève fut inspiré à Masaccio par *La Tempérance*, sculptée par Giovanni Pisano sur la chaire de la cathédrale de Pise (1302-1310).

La Tentation
Masolino da Panicale, fresque, 208 x 88 cm, vers 1425
La Tentation, de Masolino, et *Adam et Ève chassés du paradis*, de Masaccio, se font face de part et d'autre de l'entrée de la chapelle Brancacci. Le contraste entre ces deux couples met en évidence les différences de visions artistiques des deux peintres. Les personnages de Masaccio sont austères, mais leurs formes pleines emplissent l'espace qu'ils occupent ; ils semblent incarner l'essence de l'humanité, tandis que ceux de Masolino paraissent poser.

Adam et Ève chassés du paradis
Masaccio, fresque, 208 x 88 cm, vers 1427
La force poignante de cette scène tient à la force de l'expression et à la rectitude du style de Masaccio. En dépit des dimensions réduites de l'œuvre, la composition est harmonieusement équilibrée. Le mouvement d'avancée dicté par le geste de l'ange est appuyé par la verticale puissante qui traverse les personnages de la tête aux pieds. Le corps musculeux d'Adam et les formes lisses de celui d'Ève furent inspirés par des bas-reliefs contemporains.

LE NATURALISME FLAMAND — Rendre l'espace de la réalité

Dans le nord de l'Europe, l'esprit de l'art flamand fut transformé par le naturalisme dramatique et le style monumental de la sculpture bourguignonne. Robert Campin (maître à Tournai en 1406-mort en 1444) fut le premier à humaniser ses figures religieuses et à les placer dans des espaces quotidiens remplis de symboles sacrés. Jan Van Eyck (vers 1390-1441), le célèbre artiste de Bruges, traduisait les détails de ces intérieurs avec une minutie d'un réalisme fascinant ; sa technique révolutionnaire de peinture à l'huile lui permit de créer de subtils effets de lumière, d'espace et de texture. Rogier Van der Weyden (vers 1400-1464) rendait l'essence spirituelle d'une scène avec une virtuosité technique comparable. Sa renommée internationale ne fut dépassée que par celle d'Ugo Van der Goes (maître à Gand en 1467-mort en 1482) qui associa au naturalisme de Van Eyck des études pénétrantes d'humanité.

En bas figure : « Jan Van Eyck m'a fait le 21 octobre 1433. » L'étonnante présence du modèle est due au contraste entre la lumière et l'ombre.

L'Homme au turban
Jan Van Eyck, huile sur panneau, 33,3 x 25,8 cm, 1433
Certains affirment qu'il s'agit d'un autoportrait de Van Eyck. En haut du cadre, qui est d'origine, cette modeste inscription : « Comme je peux », qui semble être un jeu de mots, intraduisible en français, sur le nom du peintre.

Les Époux Arnolfini
Jan Van Eyck, huile sur panneau, 81,8 x 59,7 cm, 1434
Ce double portrait montre la façon dont Van Eyck maîtrisait les effets de lumière naturelle. Cette peinture semble avoir été réalisée pour célébrer le mariage du marchand italien Giovanni Arnolfini, qui résidait à Bruges, avec Giovanna Cenami. Van Eyck a chargé les objets de la vie quotidienne de symboles aux significations plus profondes : la sculpture de la chaise, par exemple, représente sainte Marguerite, patronne des naissances.

Dans le symbolisme médiéval, une chandelle allumée représente Dieu.

Lumière symbolique
Le chandelier de cuivre (détail à droite) ne porte qu'une seule bougie allumée tandis que la pièce est baignée par la clarté du jour. Il s'agit sans doute de la « chandelle de mariage », qui brûlait traditionnellement dans la maison des nouveaux époux.

Détail du portrait des Époux Arnolfini

Peindre à l'huile
Ces détails illustrent la complexité des effets de la peinture à l'huile (pigments mélangés à de l'huile de lin ou de noix). Van Eyck affina encore cette technique en créant, grâce à certaines couleurs, des tonalités ayant la profondeur et la brillance de joyaux. Lente à sécher, cette peinture lui permettait d'effectuer d'ultimes retouches.

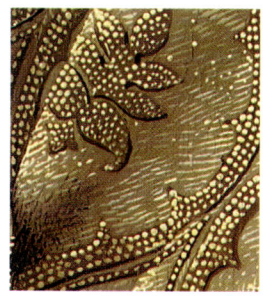

Détail de *La Madeleine lisant* (en haut à droite)

Image dans le miroir
Le cadre du miroir est décoré de scènes de la Passion du Christ et de sa Résurrection. Deux autres personnages y apparaissent, visiteurs ou témoins du mariage. L'inscription « Jan Van Eyck a été ici, 1434 » suggère que l'un d'entre eux pourrait être le peintre.

QUOTIDIENNE JUSQU'À LA MINUTIE DU MOINDRE DÉTAIL

Symboles de repentirs
Marie Madeleine peut être ici identifiée par le pot de parfum qui lui est toujours associé. Ce pot (ci-dessus) contient de la myrrhe, résine très précieuse dont elle a oint le Christ. Elle lit une bible (reproduite à droite) dont les enluminures raffinées s'accordent à ses vêtements somptueux et symbolisent sa nouvelle vie et ses tâches saintes.

La Madeleine lisant
Rogier Van der Weyden, huile sur panneau, 61,6 x 54,6 cm, vers 1445
Ce fragment d'un tableau d'autel représente Marie Madeleine. Van der Weyden a particulièrement travaillé certains détails, comme les sculptures du placard, et les points lumineux du parquet. La lumière des blancs concentre l'attention sur le visage humble de la sainte.

L'Adoration des bergers (triptyque Portinari)
Hugo Van der Goes, huile sur panneau, 253 x 586 cm, vers 1476-1478
Cet immense retable exécuté par Hugo Van der Goes, maître à Gand, fut commandé par Tommaso Portinari, le représentant des Médicis à Bruges, pour sa chapelle de l'église Sant'Egidio de Florence. À son arrivée, en 1483, il déclencha un mouvement de surprise parmi les artistes italiens. Le panneau central met en scène l'adoration des bergers, et sur les volets latéraux figurent les portraits des Portinari et leurs saints patrons.

Portrait d'après nature
L'âge des enfants Portinari a permis de dater le tableau. Ils posèrent, ainsi que leur mère, vers 1477-1478. Le visage de Tommaso lui-même, qui devait partir pour l'Italie, a été peint à part, avant que les volets n'aient été commencés, et mis en place plus tard par le peintre.

Signification des fleurs
Cette nature morte au premier plan est une allégorie : le lis rouge représente le sang du Christ, les ancolies pourpres symbolisent les larmes de la Vierge, et la gerbe de blé rappelle la crèche de Bethléem (en hébreu : « maison du pain »)

LE MÉTIER DE L'ARTISTE UN SAVOIR-FAIRE UNIVERSEL AU SERVICE

Le rôle de l'artiste durant la Renaissance était bien plus diversifié qu'il ne l'est de nos jours. Les artistes apprenaient leur métier dans des ateliers grouillant d'activité, auprès d'un maître qui recevait les commandes. Tout l'atelier participait à leur réalisation, broyant les pigments, polissant les panneaux de bois pour la peinture, appliquant les feuilles d'or, exerçant les techniques les plus variées. En effet, les commandes pouvaient aussi bien concerner des tableaux d'autel, de vastes fresques d'églises, de palais publics ou privés, de petits tableaux de piété, des portraits civils (servant de cadeaux diplomatiques) ou encore des meubles peints, des décorations de fêtes, des couvertures de livres et des décors de théâtre. Le style comme le sujet étaient la plupart du temps déterminés par la destination de la peinture, et son lieu d'exposition.

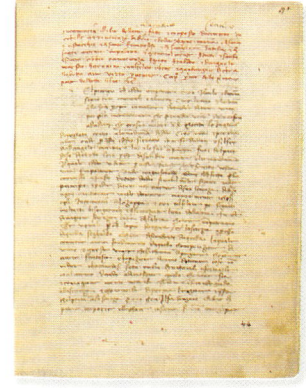

Le Livre de l'art
Dans son *Livre de l'art* ou *Traité de la peinture* (v. 1400), Cennino Cennini rend compte de la manière dont on réalisait les fresques. La tempera à l'œuf était la technique la plus répandue.

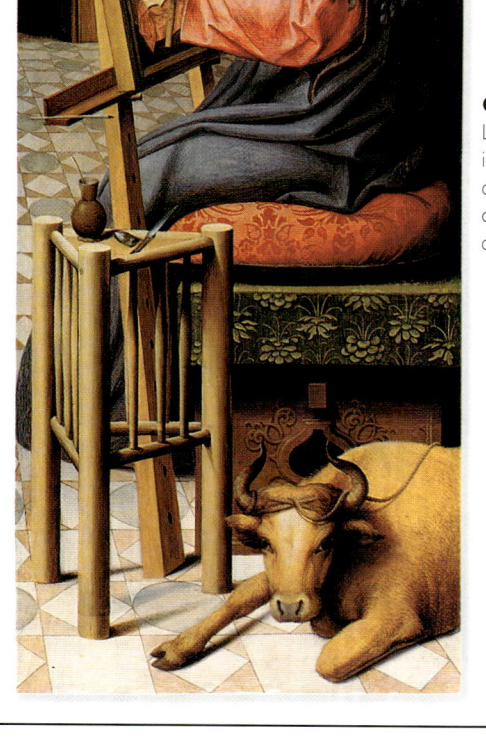

Saint Luc peignant la Vierge et l'Enfant
École de Quentin Massys, huile sur panneau, 113,7 x 34,9 cm, 1510-1530
À cette époque, pour évoquer les artistes au travail, on représente saint Luc, le patron des peintres. Cette œuvre flamande représente le saint – reconnaissable par le symbole du bœuf couché – peignant le portrait de la Vierge. La finesse du pinceau qu'il utilise, sa façon de poser le poignet sur l'appuie-main, révèlent la méticulosité des techniques.

Contrats
Lors d'une commande importante, le commanditaire consignait ses souhaits, en détail, dans un contrat. Celui-ci, établi en 1453 avec l'artiste Enguerrand Quarton pour un tableau d'autel, stipule que les meilleurs pigments doivent être utilisés, et décrit avec précision le sujet imposé et la technique requise.

Supports de la peinture
La plupart des artistes de la Renaissance travaillaient sur des panneaux de bois de peuplier, de chêne, de sapin argenté ou d'autre essence. À gauche, ce revers d'un portrait de saint Paul est en peuplier blanc, bois le plus apprécié en Italie. Après 1450, la toile, utilisée jusque-là pour des décors, se répand davantage. Dans la Venise du XVIe siècle, elle était préférée parce qu'on pouvait la transporter roulée et qu'elle résistait mieux à l'humidité.

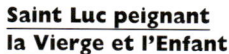

Fournisseurs
Les apothicaires, représentés dans l'exercice de leur art sur ce manuscrit latin, étaient très proches des peintres. À Florence, par exemple, ils partageaient avec les marchands d'épices et les médecins la même guilde, celle de Saint-Luc, patron des peintres. En effet, ils étaient leurs principaux fournisseurs de pigments – couleurs vendues en poudre et provenant de terres, de minéraux, de plantes ou de matières organiques. Le bleu outremer et le vermillon, qui comptaient parmi les plus précieux, étaient fournis par les ordres religieux.

DES COMMANDES LES PLUS DIVERSES

Les trois plumes passées dans un anneau, que l'on voit sur le parapet au centre de cette œuvre, sont l'un des emblèmes des Médicis.

La tête du lit de la Vierge est décorée d'un panneau de bois marqueté.

La Naissance de saint Jean Baptiste
Giovanni di Paolo, tempera sur bois, 30,8 x 36,4 cm, vers 1427
La production d'images religieuses restait l'activité essentielle d'un atelier d'artiste : c'étaient aussi bien de vastes retables (destinés aux églises ou aux chapelles) que de petits tableaux représentant la Vierge et l'Enfant réservés à l'usage domestique. Ce panneau du peintre siennois Giovanni di Paolo (v. 399-1482) représente l'une des cinq scènes de la vie de saint Jean Baptiste formant la prédelle d'un retable.

Ce tableau représente sainte Élisabeth étendue sur son lit, épuisée, juste après la naissance de saint Jean Baptiste. Tête et pied de lit sont décorés de panneaux peints selon la coutume de l'époque.

Dans les plus riches demeures, on avait un goût très vif pour les tapisseries des Flandres, comme en témoigne le « tapis » de feuilles et de fleurs de cette Annonciation, qui reprend les mêmes motifs.

L'Annonciation
Fra Filippo Lippi, tempera sur bois, 68,6 x 152,4 cm, vers 1448
Ce panneau de Fra Filippo Lippi (1406-1469) présente un intérieur raffiné. Il était destiné à une « camera », pièce servant à la fois de lieu de réception et de chambre à coucher. Lippi a réalisé une autre œuvre en demi-lune destinée à surplomber l'un des lits du palais des Médicis. Les panneaux de bois marquetés étaient d'usage courant dans ces pièces, ainsi que les tissus.

Coffre de mariage
La plupart des peintures horizontales et étroites de la Renaissance italienne, telle cette *Chasse* d'Uccello, proviennent des décorations de coffres de mariage, appelés en italien cassoni. Ce cassone provient d'une paire, réalisée à l'occasion d'un riche mariage qui eut lieu en 1475. Il est l'un des rares à nous être parvenus intacts.

Andrea del Castagno (1421-1457), grand maître florentin, représenta sur ce bouclier David vainqueur de Goliath décapité.

Le Jeune David
Andrea del Castagno, huile sur cuir sur panneau, 115,6 x 76,9 cm, vers 1450. Bouclier décoré pour un tournoi.
Les peintres recevaient aussi des commandes de décors.

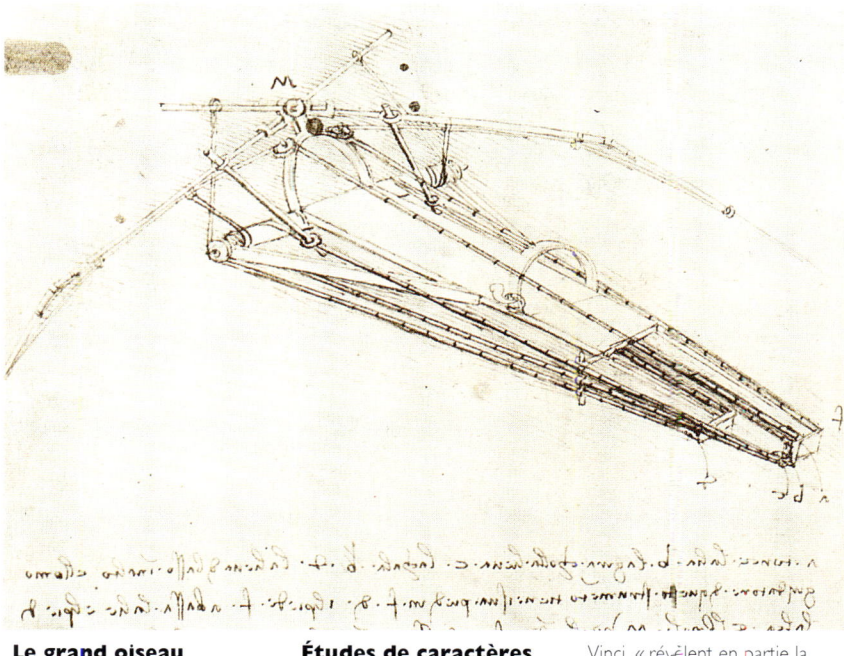

Le grand oiseau
Ce *Dessin pour une machine volante* est tiré d'un manuscrit de Léonard de Vinci daté de 1488. D'autres notes, datées de 1505, sont consacrées à l'étude du « vol des oiseaux ». Léonard prévoyait de lancer sa machine depuis le Monte Ciceri (le « mont du Cygne »), près de Fiesole : « Le grand oiseau prendra son premier envol depuis le dos du grand cygne, emplissant l'univers d'admiration, couvrant les écrits de son renom et apportant la gloire au nid qui le vit naître. »

Études de caractères
Dans cette étude des *Profils d'un vieillard et d'un jeune homme* (vers 1495), Léonard de Vinci dévoile son intérêt pour la physiognomonie. Cette « science » consiste à interpréter les « signes du visage » qui, selon Léonard de Vinci, « révèlent en partie la nature de l'homme, ses vices et son caractère ». Léonard aimait à réaliser des séries d'études pour mieux saisir des types caractéristiques, depuis la beauté de la jeunesse jusqu'au grotesque de la vieillesse.

L'aile du modèle mesure 11 mètres.

La structure comporte de très épaisses traverses.

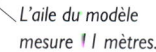

Fonte d'un bronze
Ce dessin fait partie d'une série détaillant la construction en bronze d'une monumentale statue équestre de Ludovico Sforza.

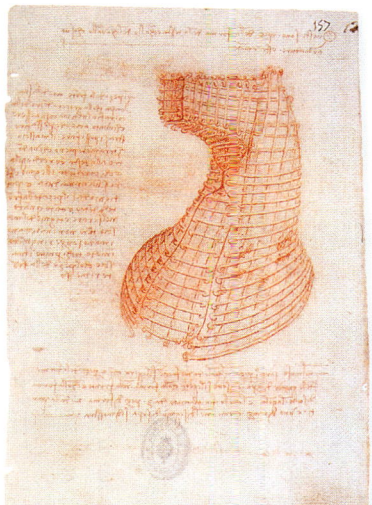

Armes de guerre
Léonard de Vinci parlait de la guerre comme d'une « folie animale ». Ce dessin pour une *Machine militaire* (1487) présente un chariot équipé de faux, ainsi qu'un véhicule blindé qui tire de tous côtés. Léonard prétendait aussi avoir inventé la plus dangereuse des machines à tuer : « La balle qui se trouve au centre explose et projette d'autres projectiles en feu, en moins de temps qu'il n'en faut pour dire un *Ave Maria*. »

La maquette, réalisée suivant les indications de Léonard de Vinci, pèse 295 kg.

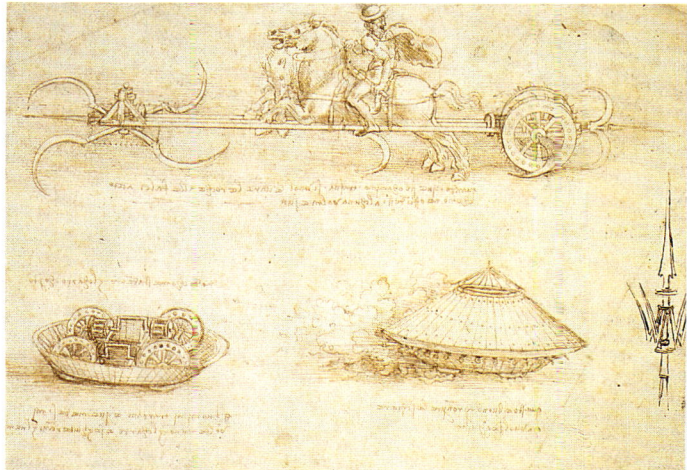

IMAGES DE DÉVOTION   LA REPRÉSENTATION DE LA VIE

Pendant la Renaissance, il y eut une véritable prolifération d'œuvres religieuses. Le nombre des peintures d'autel ne cessa de croître, commandées par des ordres de moines et de frères, par des guildes, des confréries (associations civiles caritatives) ou de riches citoyens, tandis que les fidèles achetaient de petits tableaux pieux. En Italie, des chapelles entières étaient recouvertes de fresques, dont les cycles illustraient des extraits de la Bible. Au nord de l'Europe, les vitraux et les vastes portails des églises étaient ornés des mêmes scènes. La plupart des épisodes représentés concernaient la vie des saints — en particulier leur martyre dont s'était déjà inspirée l'Église primitive — et le culte de la Vierge. Les tableaux d'autel figuraient souvent la Crucifixion, arrière-plan particulièrement bien adapté à la célébration de la messe.

SAINTES RELIQUES
Les saints martyrs étaient souvent choisis comme protecteurs. Les églises portaient leurs noms et les autels contenaient leurs reliques (parties du corps du saint ou morceaux de ses vêtements, objets de vénération). Ce reliquaire, à Bologne, conserve le crâne de saint Dominique.

Prédications
Des prêcheurs populaires comme Fra Roberto Caracciolo, représenté sur ce bois florentin gravé en 1491, diffusaient les enseignements de l'Église aux illettrés. Fra Roberto transformait les histoires saintes en véritables drames, expliquant leur signification, et indiquant quelles attitudes spirituelles elles exigeaient du fidèle. Les peintres reprenaient les gestes et les expressions de ces prédicateurs pour susciter de pieuses émotions.

Déposition
Fra Angelico, tempera sur panneau, 275 x 285 cm, vers 1440-1445. Fra Angelico (v. 1400-1455) servit par son art l'ordre des Dominicains, auquel il appartenait. Ce tableau d'autel destiné à la chapelle Strozzi, dans l'église Santa Trinità de Florence, est fait pour briller dans la pénombre.

La Vierge et l'Enfant avec saint François et saint Sébastien
Carlo Crivelli, huile sur panneau, 175,3 x 151,1 cm, 1491
Ce retable fut réalisé par le peintre vénitien Carlo Crivelli (v.1430-v.1500) pour une église franciscaine. Il montre saint François d'Assise (à gauche) et saint Sébastien encadrant la Vierge et l'Enfant. Cette œuvre fut commandée par la veuve Oradea, qui y figure elle-même : il s'agit du petit personnage apparaissant derrière la jambe de saint François (détail à droite).

Détail de *La Vierge et l'Enfant avec saint François et saint Sébastien*

Attitudes
Ces deux détails du retable de Fra Angelico montrent le rôle des attitudes. Un homme croise les mains sur sa poitrine en signe d'humilité (en haut, à droite) ; le jeune homme agenouillé au premier plan (à droite), qui prie le Christ pour la rémission de ses péchés, semble inciter le spectateur à faire de même. Sa main droite est repliée sur son cœur, en signe d'amour et de respect.

DES SAINTS TRANSMET AUX FIDÈLES L'ENSEIGNEMENT DE L'ÉGLISE

DÉPOSITION

Rogier Van der Weyden, huile sur panneau, 220 × 262 cm, vers 1435

Van der Weyden magnifie les éléments spirituels des scènes qu'il peint. Cet épisode représente le Christ descendu de la Croix par Nicodème et Joseph d'Arimathie. La Vierge est soutenue par saint Jean l'Évangéliste, dont l'attitude est symétrique de celle de Marie Madeleine. Les personnages, amassés dans un espace exigu, rappellent les sculptures des châsses en bois des églises gothiques.

Cette partie était autrefois le centre d'un triptyque.

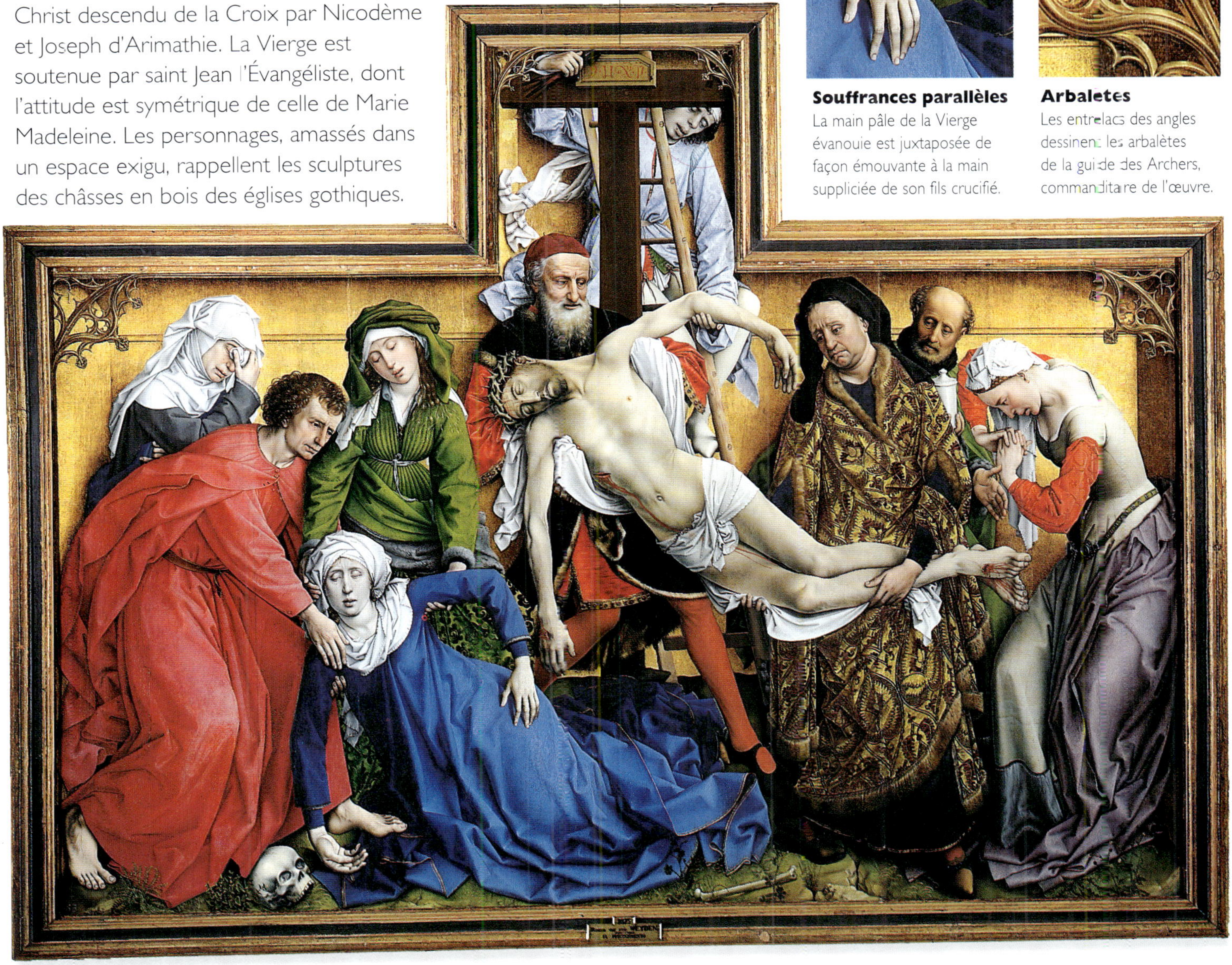

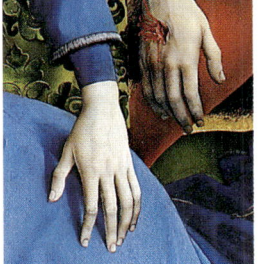

Souffrances parallèles
La main pâle de la Vierge évanouie est juxtaposée de façon émouvante à la main suppliciée de son fils crucifié.

Arbalètes
Les entrelacs des angles dessinent les arbalètes de la guilde des Archers, commanditaire de l'œuvre.

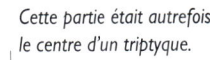

Retable de Sankt Wolfgang

Michael Pacher (v. 1435-1498), sculpteur et peintre autrichien, est l'auteur de ce retable. L'œuvre monumentale, surmontée de pinacles et de sculptures peintes, exhibe en son centre une châsse ouvragée et dorée. Les volets du retable sont peints eux aussi, comme la prédelle. Décorée des scènes de la vie de la Vierge et de la légende de saint Wolfgang, cette pièce se trouve toujours à l'intérieur de l'église Sankt Wolfgang, près de Salzbourg, où Pacher lui-même avait dû l'installer, comme il était stipulé dans le contrat passé avec l'abbé Mondsee.

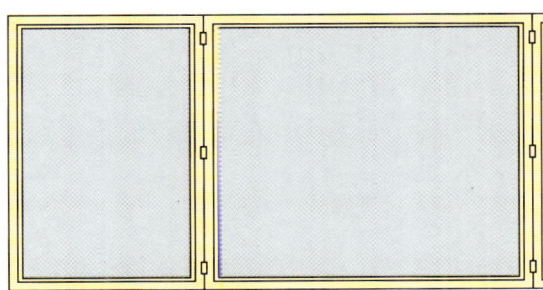

Diptyque ou polyptyque ?
Les retables sont de formats divers : ils peuvent se présenter en diptyque (à gauche, deux panneaux montés sur charnières), en triptyque (au-dessus, les panneaux latéraux se referment) ou encore en polyptyque (plusieurs panneaux) comme pour la *Maestà* (p. 10).

INSPIRATION CLASSIQUE LA REDÉCOUVERTE DE LA ROME ET DE LA

L'enthousiasme du XVe siècle pour les vestiges de la Rome antique prolongea l'engouement du Moyen Âge pour les manuscrits des textes classiques. Les thèmes de la mythologie devinrent populaires, et les artistes se mirent à étudier les monuments et les sculptures qui les environnaient. L'Italie se prit d'une véritable passion pour sa culture originelle, passion qui ne cessait de croître à chaque nouvelle exhumation de statues ou d'objets. Les monuments antiques, dont les formes pures avaient déjà inspiré les artistes gothiques, devinrent un trésor où puiser des idées stylistiques et des modèles de sculpture. Tandis que des artistes comme Donatello et Andrea del Verrocchio (1435-1488) réinterprétaient les canons classiques, de la statue équestre monumentale à la statuette de bronze, Andrea Mantegna (1431-1506), maître du nord de l'Italie, mêlait sa passion pour l'archéologie (il allait jusqu'à relever des inscriptions classiques) à son talent inventif.

Le Christ devant Pilate
Jacopo Bellini (v. 1400-1470), père de Giovanni, interpréta les motifs antiques d'une manière aussi libre qu'imaginative. Cette page, extraite de l'un de ses livres de dessins, témoigne de la mode d'alors : les épisodes du Nouveau Testament sont mis en scène dans un décor inspiré de la Rome antique.

Le monument équestre symbolise l'idéal romain de la vertu civique.

L'arc de Titus
À Rome, cet arc, construit vers 80 apr. J.-C., se dresse sur le Forum. Les bas-reliefs des arcs de triomphe, qui narrent les batailles et les victoires impériales, furent abondamment reproduits par les artistes et les amateurs d'antiquités. Ce type d'arcade apparaît souvent dans les décors urbains des peintures.

Traduction classique
L'humaniste Leonardo Bruni fut à l'origine de la traduction de textes classiques grecs en latin, au cours du XVe siècle. Cette page de manuscrit rapporte, d'après le Grec Polybe, une victoire Punique des Romains sur les Carthaginois. Destinée à la bibliothèque de la famille Gonzague, à Mantoue, elle fut marquée de leurs armes en 1433.

Le cheval sculpté par Donatello reprend l'un des quatre chevaux qui se dressent sur la façade de la basilique San Marco à Venise.

Il Gattamelata
Donatello, bronze, h : 370 cm, 1445-1453
Le portrait équestre du condottiere Gattamelata redonne vie à l'une des plus ambitieuses techniques de l'Antiquité : la statue équestre monumentale. Le modèle de référence était celle de Marc Aurèle à Rome, fondue à la fin du IIe siècle, et qui avait été conservée parce que l'on avait cru qu'elle représentait l'empereur chrétien Constantin.

L'Introduction du culte de Cybèle à Rome (Le Triomphe de Scipion)
Andrea Mantegna, camaïeu sur toile, 73,7 x 268 cm, 1505-1506
Au cours de cet épisode des guerres Puniques, les Romains ramènent la déesse Cybèle sous la forme d'une pierre et d'un buste. Un oracle avait prédit que les Carthaginois seraient chassés d'Italie si la déesse était ramenée d'Asie Mineure à Rome et accueillie par le plus riche de ses habitants. Scipion Nasica fut choisi. Mantegna peignit cette scène pour les Cornaro, qui prétendaient être les descendants de Scipion. Cette représentation prend l'allure d'un camée romain. Les figures, dont certaines sont copiées de bas-reliefs et de statues antiques, apparaissent sur un fond de faux marbre.

Grèce antiques fonde un nouveau monde

Hercule et Antée
Antonio del Pollaiolo, bronze, h : 45,7 cm, vers 1470
Cette petite sculpture de l'artiste florentin Antonio del Pollaiolo (v.1431-1498) imite des exemples de l'Antiquité. Elle représente Hercule combattant Antée. Hercule ne pouvait vaincre ce géant, qui reprenait force au contact de la terre, sa mère, qu'en l'étouffant avant qu'il ne touche le sol. Pollaiolo fut l'un des premiers à traiter un tel sujet en ronde bosse. Son œuvre exige d'être vue sous plusieurs angles. Il voulut rendre une intensité réaliste analogue dans son œuvre peinte.

La bouche ouverte et les bras tendus d'Antée montrent qu'il essaie de reprendre son souffle.

La jambe levée occupe l'espace.

Le mollet d'Hercule est tendu par l'effort.

La Mort d'Orphée
d'après Mantegna
Si l'engouement de l'Europe du Nord pour l'Antiquité fut d'abord suscité par la relecture de textes classiques, les gravures sur bois « à l'antique », effectuées en Italie, furent abondamment copiées tout au long du XVᵉ siècle. Ainsi Dürer aborda-t-il l'Antiquité au travers des artistes italiens. Son intérêt pour cette culture fut encore renforcé par son amitié pour l'humaniste de Nuremberg, Willibald Pirckheimer. Enfin, à cela s'ajoutait son ambition de devenir l'un des maîtres de la gravure. Dürer reproduisit cette scène mythologique d'après une gravure perdue de Mantegna. Ce dessin à la plume date de 1494. Il représente le poète Orphée battu à mort par les femmes de Thrace. Bien qu'il s'agisse d'une copie, l'intensité du dessin de Dürer est tout à fait sensible.

Amour et dauphin
Andrea del Verrocchio, bronze, h : 67 cm, vers 1470
Cet enfant ailé décorait une fontaine de la villa Careggi, résidence campagnarde des Médicis, lieu de détente et de débats intellectuels.

L'« INVENTION » DE LA PERSPECTIVE UN SYSTÈME

C'est à Florence, au début du XVe siècle, que se définit la perspective linéaire, système permettant de représenter un espace tridimensionnel sur une surface plane. Brunelleschi (p. 12) en démontra les principes, mais c'est Leon Battista Alberti (1404-1472), écrivain et architecte, qui en formula les règles à l'usage des artistes. Selon Alberti, il faut imaginer la surface picturale comme une « fenêtre ouverte » sur la nature à peindre. Il expliqua comment créer la perspective à l'intérieur de l'espace pictural, en se servant de lignes parallèles qui se rejoignent à l'infini. Ce point de convergence est ce qu'on appelle le « point de fuite », il est symétrique de l'autre côté de la surface peinte à l'œil de celui qui regarde. Cet angle de vue original permettait à l'artiste de contrôler et d'orienter le regard du spectateur dans l'espace de la peinture.

Médaille d'Alberti
Alberti mit au point sa méthode de perspective dans le traité déterminant qu'il composa en 1435, *De la peinture*.

LA PERSPECTIVE CHANGE LE REGARD

Avec la perspective, on regarde désormais le monde d'un seul œil ; et cette nouvelle manière de voir va marquer tout l'art et la technologie du monde occidental jusqu'au XXe siècle.

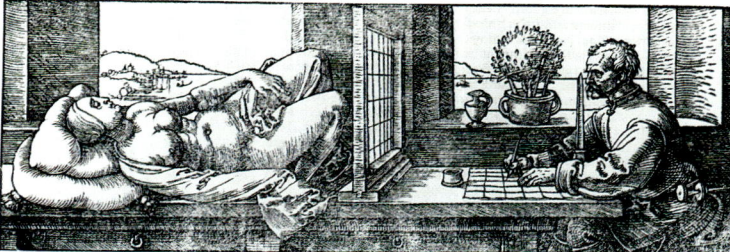

L'appareil d'Alberti
Pour établir la perspective, Alberti dessina une grille sur un tissu transparent tendu sur un cadre. Ce dispositif, ici illustré par Dürer (1525), était placé entre « l'œil et l'objet qui devait être représenté » pour que l'objet soit tracé à l'échelle.

Jean Fouquet

Étienne Chevalier avec saint Étienne
Jean Fouquet, huile sur panneau, 93 x 86 cm, vers 1450
Au nord de l'Europe, la perspective s'appliquait au jugé plutôt que suivant des règles. L'un des grands peintres et enlumineurs français, Jean Fouquet (vers 1420-vers 1480), visita l'Italie et fut fasciné par la façon d'y construire l'espace. Ici, il met en œuvre sa composition favorite, en diagonale : il diminue la taille des carreaux d'un damier en fonction de leur éloignement.

La Chasse
Paolo Uccello, tempera et huile sur panneau, 73 x 177 cm, vers 1460
L'artiste florentin Paolo Uccello (1397-1475) était si passionné par la nouvelle science de la perspective qu'il passait des nuits entières, selon Vasari, debout à chercher des points de fuite. Cette obsession apparaît dans ce tableau où tous les moyens sont mis en œuvre pour guider le regard dans l'espace. L'ensemble des chevaux se dirige vers un point de fuite décalé du centre qui est pourtant soigneusement indiqué par les pointes des lances.

Le schéma d'Uccello
Cette analyse de *La Chasse* montre l'importance de la ligne d'horizon dans sa construction. Tracée horizontalement au niveau du point de fuite, elle représente à la fois le niveau du regard de l'observateur et la distance la plus éloignée. Elle ouvre un espace tridimensionnel et crée l'illusion que le sol pentu de cette forêt est plat. Les petites figures qui courent dans cet espace donnent l'impression d'être de la même taille que nous. Ce sentiment est induit par la perspective : en effet, si l'une de ces figures était placée au premier plan, la ligne de son regard serait au même niveau que la nôtre, sur la ligne d'horizon. Les orthogonales du « damier » du sol poussent notre regard vers le point de fuite qu'encercle la meute.

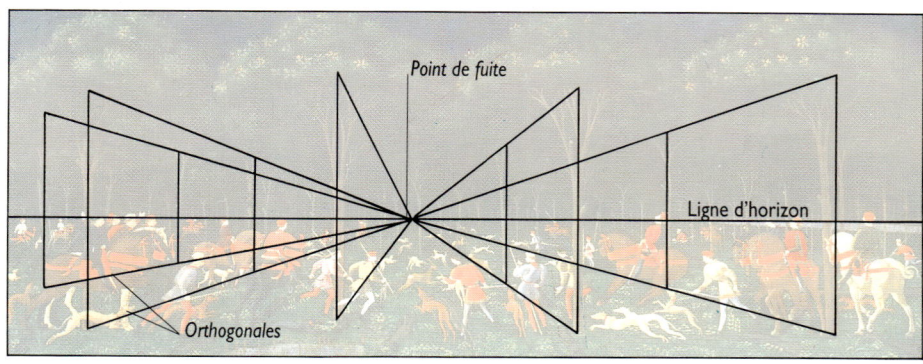

ADORATION DES MAGES

Bramantino, huile sur panneau, 56,8 × 55 cm, vers 1500

L'architecte et peintre milanais Bramantino (v. 1465-1530), élève de Bramante, écrivit un traité de perspective (aujourd'hui perdu) et fit preuve d'une science exceptionnelle de sa pratique. Son *Adoration des mages* est un exemple de la manière dont fonctionne le système d'Alberti : les lignes de construction ont été gravées dans l'épaisseur même de la préparation en gesso. Le peintre s'est servi de ce système pour placer ses figures dans l'espace et construire les édifices, tout en évitant que cette œuvre ne devienne la simple illustration d'une théorie rigide.

Le pavement perspectif de Bramantino

Le peintre divisa la base de cette œuvre en six sections. À partir de ces sections, il grava les orthogonales jusqu'au point de fuite situé juste en dessous des genoux de la Vierge. Puis il traça des lignes reliant les angles supérieurs à ce point de fuite. Enfin, il poursuivit la ligne d'horizon vers la gauche, jusqu'à trouver la distance juste pour regarder l'œuvre, et dessina des verticales perpendiculaires aux horizontales du damier du sol. L'artiste ne s'est pas laissé enfermer dans ce dispositif strict : l'imagination conserve sa place. Trois urnes ponctuent le premier plan et guident le regard vers le fond.

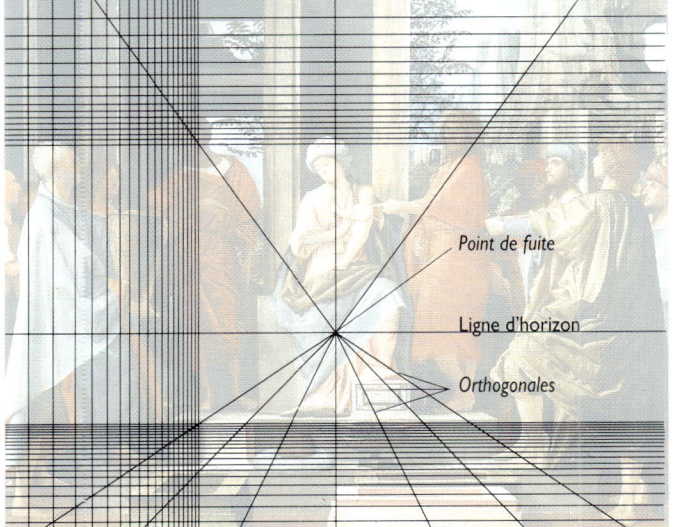

Deux marches cachées dans l'ombre de la peinture apparaissent derrière le siège de la Vierge.

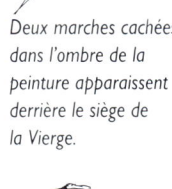

Personnages sur les estrades

La grille sur laquelle Bramantino a organisé la perspective au sol dicte l'ordre d'apparition des objets. Elle est si précise qu'un ordinateur serait capable d'en donner une image en trois dimensions (ci-dessus), autour de laquelle on pourrait tourner.

HARMONIE ET BEAUTÉ
La nature et ses proportions doivent

La Renaissance italienne reprit l'idéal antique de la beauté, fondé sur des notions d'harmonie tant mathématiques que musicales. Dans son traité d'architecture, paru en 1485, *De re aedificatoria,* Alberti expliquait que « toutes les choses que produit la nature sont réglées par la loi de l'harmonie, et son principal souci est que tout soit parfait. Sans harmonie, ceci ne saurait être atteint, et les affinités entre les parties seraient perdues ». Cet équilibre parfait ne peut souffrir ni ajout ni soustraction. L'artiste peut s'assurer, en suivant la loi mathématique, que chacun des différents « éléments » d'une peinture ou d'un bâtiment est proportionné à l'ensemble, qui lui-même répond aux critères de beauté idéale. Le corps humain, « la plus noble des formes vivantes », était considéré comme un modèle de l'univers : il représentait la mesure à partir de laquelle l'ensemble du monde pouvait être construit.

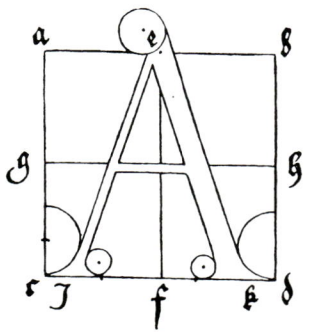

Caractères romains
L'un des indices les plus révélateurs de la fascination qu'éprouva la Renaissance pour la proportion est le mode de construction géométrique des caractères romains. Dürer en rapporta le « secret » dans le nord de l'Europe. Sa méthode, développée dans son traité sur la bonne manière de tracer les lettres, est empruntée à un manuel vénitien.

Proportions architecturales
La façade du palais Rucellai à Florence, construite par Alberti entre 1455 et 1458, est composée de trois étages de hauteur égale, ponctués de pilastres (piliers engagés) supportant les entablements (éléments horizontaux).

Des proportions humaines
Dürer s'inspira de la lecture du traité de Vitruve (architecte romain du 1er siècle av. J.-C) et des études sur la proportion de Léonard de Vinci pour écrire son propre traité sur le sujet. Il divisait des figures en parties et calculait leurs mesures en les considérant comme les fractions d'une longueur totale, comme les parties d'un tout. Son dessin très géométrique découpe le corps de l'homme en carrés et en rectangles, tandis que le dessin plus poétique de Léonard se concentre sur une vision plus universelle de l'homme.

Organisation de la perspective
Ce dessin d'une margelle de puits provient du traité de perspective de Piero della Francesca (v. 1416-1492), grand peintre et mathématicien. Pacioli, un élève de Piero, disait que neuf mots sur dix de ce traité concernaient la proportion et l'art de disposer les choses. Ici, Piero montre comment un objet à trois dimensions peut être construit à partir d'un plan, et mis en forme dans l'espace avec logique. Les mesures sont calculées mathématiquement avec une implacable précision.

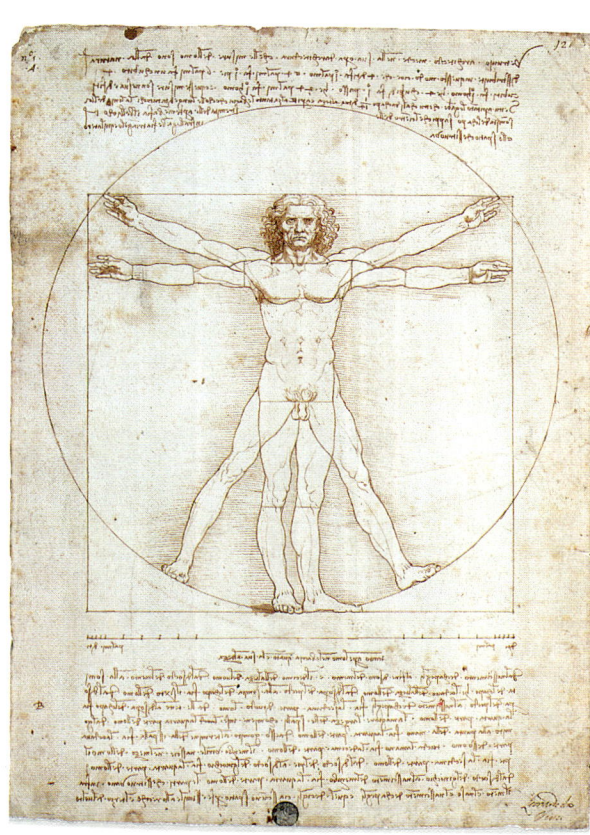

L'homme, mesure de toute chose
Ce célèbre dessin de Léonard de Vinci, exécuté vers 1485, illustre une formule mise au point par Vitruve. Elle fut simplifiée en ces termes par le mathématicien Luca Pacioli, qui travaillait souvent avec Léonard : « Après avoir considéré la parfaite composition du corps humain, les anciens firent en sorte que tous leurs ouvrages, et en particulier les temples, fussent proportionnés en accord avec lui. Dans le corps humain, ils découvrirent les deux principales figures sans lesquelles il est impossible de rien achever, à savoir le cercle parfait et le carré. »

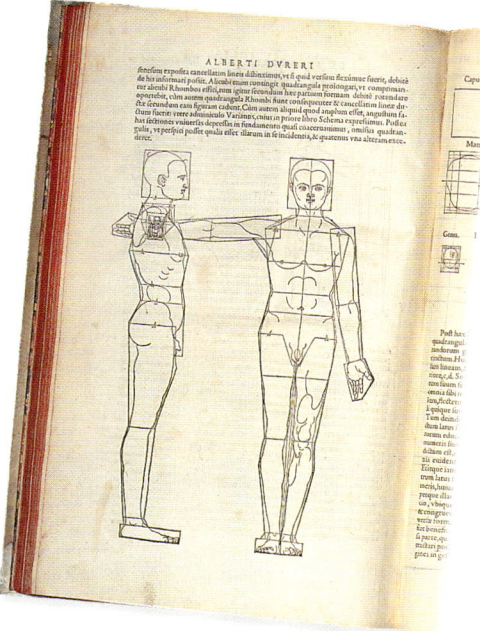

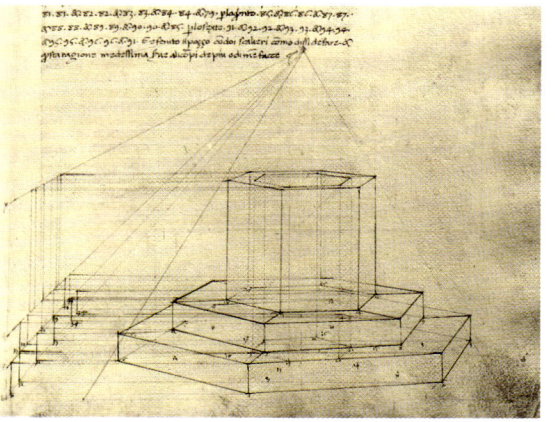

SERVIR DE GUIDE À LA CRÉATION DE L'HOMME

Le Baptême du Christ

Piero della Francesca, tempera sur panneau, 167 x 116 cm, vers 1450

La grandeur monumentale et l'apparente simplicité de ce tableau d'autel viennent pour une part de sa composition selon des proportions arithmétiques exactes, et d'autre part de sa construction à partir de motifs géométriques purs (voir ci-dessous). Pour Piero, la mise en place des profils et des contours dépendait proportionnellement de l'ensemble de l'image. Il représente Jésus – emblème de la perfection – au centre de l'œuvre, dont la hauteur est du double de la taille du Christ.

Divisions mathématiques

La composition est divisée en deux moitiés, de part et d'autre du Christ, et en trois avec l'arbre, le Christ et saint Jean Baptiste. De même, la relation entre la hauteur du panneau et sa largeur est un rapport d'à peu près trois sur deux. Enfin, les deux cercles dont les centres sont la colombe du Saint-Esprit pour l'un, et la pointe des doigts du Christ pour l'autre, composent le fondement mathématique et symbolique de l'ensemble.

L'échelle harmonique

Ce bois gravé de 1480 illustre la théorie de l'harmonie musicale occidentale telle qu'elle fut imaginée par le mathématicien Pythagore (VIe siècle av. J.-C.). L'échelle musicale est divisée en intervalles exprimés par des nombres. Leur série, 6, 8, 9, 12, et leurs proportions harmoniques (l'intervalle entre 6 et 12 est un octave, entre 8 et 9, un ton), furent reprises par quelques peintres et architectes qui voyaient en elles le moyen de parvenir à la perfection.

Géométrie euclidienne

Piero utilisa l'ancienne formule d'Euclide pour construire le polygone à quinze côtés qui sert de fondement mathématique au *Baptême du Christ* (que l'on peut inscrire dans le cercle inférieur tracé ci-dessus). Les ailes de la colombe se déploient sur la base d'un triangle équilatéral renversé, les pieds du Christ s'inscrivant dans sa pointe. À partir du centre de celui-ci, un polygone peut être tracé dont chacun des côtés est l'unité de mesure à partir de laquelle tout est construit.

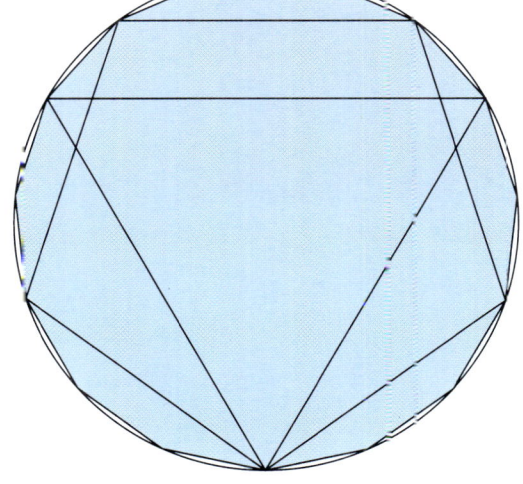

BOTTICELLI ET LA MYTHOLOGIE   LES RÉCITS DE L'ANTIQUITÉ SONT

Le célèbre *Printemps* de Sandro Botticelli (1445-1510) est une vaste composition inspirée de la mythologie, inaugurant un style de peinture particulièrement apprécié des cercles érudits de la Renaissance. Cette œuvre est l'équivalent pictural d'un poème lyrique, célébrant Vénus, déesse de l'amour et du printemps. Elle fut probablement commandée peu après 1478, pour une résidence de Florence connue sous le nom de *Case vecchie*, que Laurent de Médicis avait léguée à ses jeunes pupilles ; elle était placée au-dessus d'une banquette, dans l'une des salles lambrissées du rez-de-chaussée. Vasari précise que les décorations de telles salles exigeaient autant de virtuosité technique que d'invention poétique ; elles avaient pour thèmes des joutes, des tournois, des réceptions et d'autres spectacles. Cette peinture, inspirée des somptueuses fêtes que donnaient les Médicis, commémore sans doute l'une d'entre elles, pour laquelle Botticelli avait décoré tissus et bannières. Ces festivités reflétaient la grande sollicitude des cercles d'érudits proches de Laurent de Médicis pour les textes les plus divers : descriptions des rites et des fêtes de l'Antiquité en vers latins, images raffinées de la poésie amoureuse toscane, et romans de chevalerie.

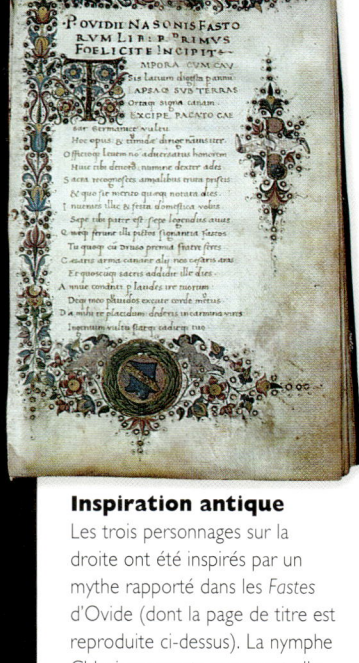

Inspiration antique
Les trois personnages sur la droite ont été inspirés par un mythe rapporté dans les *Fastes* d'Ovide (dont la page de titre est reproduite ci-dessus). La nymphe Chloris y raconte comment elle est devenue Reine des fleurs quand Zéphir, le vent d'ouest, la poursuivit et l'enleva, pour l'épouser ensuite et faire d'elle la déesse du printemps, que les Romains nommèrent Flora.

Emblème des Médicis
Les fruits ronds et dorés des orangers sont une allusion subtile aux *palle* (en français : boules), emblèmes des Médicis. D'autres arbres ont une signification symbolique, ainsi le myrte, au centre, est consacré à Vénus.

Signes de fertilité
Des fleurs poussent aux pieds de Mercure, messager des dieux (à l'extrême gauche du tableau) ; tandis que de son caducée, qu'enlacent des serpents, symboles de fertilité, il désigne les nuages. Sa présence dans cette scène reste mystérieuse.

LE PRINTEMPS
Sandro Botticelli, tempera sur panneau, 203 x 314 cm, vers 1478

Le personnage de Vénus est la figure centrale de cette scène champêtre où se remarque toute la différence qui sépare Botticelli des « pères » de la Renaissance, d'une cinquantaine d'années plus anciens. Ici, la mythologie est prétexte à la représentation nostalgique d'un monde idyllique. D'un geste discret de la main, elle semble accueillir. Au-dessus d'elle, son fils Cupidon vole tout en bandant son arc. À sa droite dansent les trois Grâces, ses servantes, déesses du charme, de la beauté et de la grâce. Elles apparaissent « avec leurs mains enlacées, souriantes et pleines de jeunesse, couvertes de voiles flottants », telles que Sénèque les avait décrites, au Ier siècle, d'après une peinture perdue dans laquelle Mercure figurait à leurs côtés. Alberti recommandait alors la lecture de ce texte de Sénèque.

LE PRÉTEXTE À PEINDRE UN MONDE IDÉAL

Personnages de la mythologie antique
Les neuf personnages peints par Botticelli proviennent de la mythologie grecque et romaine. Leur taille, proche de l'échelle humaine, les rend facilement identifiables (voir ci-dessus). Tous sont associés aux fêtes du printemps dans l'Antiquité, en particulier à celle consacrée à Flora, la « Floralia ». Vénus symbolise la saison de la fertilité, Mercure et Flora sont associés au mois de mai.

Renaissance de Chloris
Pour illustrer ses origines champêtres, la déesse des fleurs exhale, selon Ovide, « dans son souffle, les roses du printemps ». Botticelli a représenté Chloris avec des fleurs jaillissant des lèvres, comme si elle se transformait en Flora sous le baiser de Zéphyr. Le personnage du premier plan peut être identifié comme Flora renaissante – son culte était célébré à Rome depuis les temps les plus anciens.

« Où que ma dame tourne ses beaux yeux, cette nouvelle Flora fait germer et éclore, comme aucun soleil ne le ferait, les myriades de couleurs des nouvelles fleurs. »
Laurent de Médicis

« Ove madonna volge gli occhi belli, senz'altro sol questa novella Flora fa germinar la terra mandar e fora mille vari color di fior novelli. »

La poésie du printemps
Les sonnets de Laurent de Médicis, dont une strophe est traduite ci-dessus, font du printemps une métaphore de la fertilité de l'amour. Ici, sa « dame » est identifiée à Flora, ou au printemps. Dans l'œuvre de Politien (1454-1494), l'un des célèbres poètes du cercle qui l'entourait, la même image est reprise : la présence d'une dame aimée peut transfigurer les lieux les plus désolés en un paradis pastoral, tel que l'illustre le tableau de Botticelli.

Robe de fête
Le vêtement de Flora fut sans doute inspiré par une robe blanche décorée de roses, de fleurs et de feuillages, qui fut portée lors d'un tournoi des Médicis, en 1475, et célébrée en vers par Politien.

Érudits conseillers
Il arrivait que les artistes fussent conseillés par des érudits. Il est probable que Politien fut l'un de ceux qui guidèrent l'« invention » de Botticelli. Guarino da Verona, dont le profil est frappé sur cette médaille, conseilla Cosme Tura (v. 1430-1495) pour la peinture reproduite à droite.

Une figure allégorique
Cosme Tura, huile et tempera sur panneau, 116,2 x 71,1 cm, vers 1450
Cette figure allégorique, peinte pour le *studiolo* (cabinet de travail) de Leonello d'Este de Ferrare, est chargée d'une multitude de symboles littéraires.

Festival de printemps
Ce bois gravé présente Laurent de Médicis lors du *Calendimaggio*. Ces fêtes populaires florentines sont issues sans doute des antiques *Floralia*. Comme les personnages représentés par Botticelli, les danseurs y souhaitaient la bienvenue au printemps qui, selon Politien, « fait tomber les hommes amoureux ».

L'APPARITION DU PAYSAGE   UNE RECHERCHE ORIGINALE

Tout au long du XVe siècle, le paysage suscita un intérêt croissant. Les peintres s'étaient jusque-là contentés de poncifs pour évoquer la nature : quelques rochers et quelques arbres stylisés, destinés à mettre en relief leurs personnages. Désormais, ils éprouvent le besoin de travailler les lointains de leurs œuvres avec plus de raffinement en y peignant des détails tantôt narratifs, tantôt descriptifs qui témoignent de leur maîtrise des nouvelles règles de la perspective. Les commanditaires italiens se mirent à préférer aux fonds traditionnellement recouverts de feuille d'or, comme pour les tableaux d'autel, des sites et des cieux s'accordant davantage à leur attente et à leur goût. Cette mode du paysage provenait d'une tradition de l'Europe du Nord, utilisée de longue date pour les enluminures des manuscrits et les tapisseries. Les artistes de cette région furent bientôt capables, avec la peinture à l'huile, de créer des effets de lumière et d'espace nimbant les éléments naturels dans une atmosphère picturale très particulière.

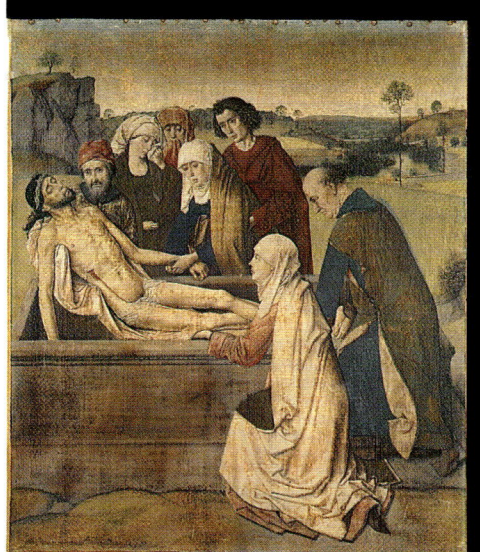

Mise au tombeau
Dierick Bouts, peinture à la colle sur lin, 90,2 x 74,3 cm, vers 1450-1460
Le peintre flamand Dierick Bouts (v. 1420-1475) développa la dimension contemplative de ses œuvres grâce au paysage. Comme on le voit ici, les personnages sont rassemblés sur la gauche du tableau pour que le regard puisse librement contempler la nature, sur la droite. Les lointains sont chargés d'allégories : les falaises, à l'aplomb de la tête inanimée du Christ, figurent la mort, tandis que les espaces fertiles symbolisent la Résurrection et la Rédemption (détails ci-dessous). La technique qu'utilise Bouts – pigments mélangés à de la colle pour imbiber le support de lin – renforce les effets de douceur encore visibles bien que la profondeur originelle de la couleur soit aujourd'hui perdue.

Détail des falaises

Détail de la vallée fertile

LE CHRIST AU JARDIN DES OLIVIERS

Giovanni Bellini, tempera sur panneau, 81,3 x 127 cm, vers 1460
L'artiste vénitien Giovanni Bellini (v. 1430-1516) a imperceptiblement bouleversé tout l'art du paysage en Italie. Une atmosphère voilée au remarquable rayonnement lumineux émane de son tableau *Le Christ au jardin des Oliviers*, assez proche de celui de son beau-frère Andrea Mantegna (en haut, à droite). Le jour tombe, et la lueur rosée du crépuscule souligne les lignes courbes. Le Christ, agenouillé devant un rocher pareil à un autel, prie, pendant que ses disciples sommeillent. Au loin, déjà, on aperçoit les soldats qui viennent l'arrêter, conduits par Judas le traître, tandis que de sombres nuages s'amoncellent au-dessus d'eux.

D'OUVERTURE SUR LA DIVERSITÉ DU MONDE

Le Christ au jardin des Oliviers
Andrea Mantegna, tempera sur panneau, 62,9 x 80 cm, vers 1460
Andrea Mantegna (1431-1506) a réalisé avec une remarquable précision géologique le paysage de ce *Christ au jardin des Oliviers*. À l'inverse de Bellini, il a représenté le Christ face à la crucifixion qui l'attend. Sa souffrance est soulignée par des détails naturalistes minutieux, tels que la branche de l'arbre brisé, ou les marques de la hache sur l'écorce. C'est sans doute en hommage aux artistes de l'Antiquité, capables de rendre jusqu'à l'illusion l'apparence de la nature, que Mantegna a adopté un parti aussi réaliste. Aux genoux mêmes du Christ, la roche semble froissée comme un linceul, créant une note « fantastique ».

Vue de la vallée de l'Arno
Cette étude de paysage de Léonard de Vinci, datée avec précision du 5 août 1473, et qui représente un paysage réel (la vallée de l'Arno, en Toscane), allie rigueur scientifique et puissance de l'imagination. Léonard écrivait que l'artiste, « comme le seigneur et créateur », est en mesure de saisir d'un seul regard la fabuleuse diversité du monde.

Saint Jérôme dans un paysage montagneux
Attribué à Joachim Patenier, huile sur panneau, 36,2 x 34,3 cm, 1515
Le peintre flamand Joachim Patenier (v. 1480-1524) fut le premier à se spécialiser dans les paysages. Celui-ci est représenté en surplomb, selon une coutume du nord de l'Europe qui se répandit en Italie (voir le dessin de Léonard, ci-dessus). Ce point de vue panoramique reflète une nouvelle conception du monde liée aux récentes découvertes de Christophe Colomb.

La Tempête
Giorgione, huile sur toile, 83 x 73 cm, vers 1506
Le champ des sujets picturaux se trouva élargi par l'apparition de collectionneurs privés. Ceux-ci exigeaient que les œuvres montrent de grandes qualités décoratives, épousent leur goût pour la poésie pastorale et la musique, et enfin s'intègrent à l'atmosphère chaleureuse des appartements privés. Dans l'entourage de Giorgione (v. 1477-1510), à Venise, les petits paysages aux thèmes lyriques ou érotiques devinrent à la mode. Cette *Tempesta* (en français : tempête) est l'une des premières œuvres italiennes que l'on puisse qualifier à proprement parler de « paysage ».

Le génie de Léonard de Vinci Le talent multiforme du très

Léonard de Vinci (1452-1519) fut, plus que tout autre, doué de tous les talents. Son imagination hors du commun engendra des images d'une beauté et d'une force incomparables. Ses dessins et ses carnets de notes prouvent que « l'art divin de la peinture » ne fut que l'une des multiples activités auxquelles ils se consacra. Il étudia, entre autres, l'anatomie, la botanique, la sculpture, l'architecture, la musique, l'optique. Vasari rapporte que son génie était tel qu'il confondait les esprits les plus éclairés. Pourtant, en dépit de sa lumineuse force d'invention, Léonard s'attaqua à des problèmes si subtils, si fabuleux et si difficiles qu'il fut incapable d'en venir à bout. C'est la raison pour laquelle nombre de ses œuvres, en peinture comme dans d'autres domaines, demeurèrent inachevées.

Beauté de la jeunesse
On soupçonne que le visage de ce David de bronze sculpté par Verrocchio est en réalité celui du jeune Léonard de Vinci, alors son élève, et qui était célèbre pour sa beauté d'adolescent.

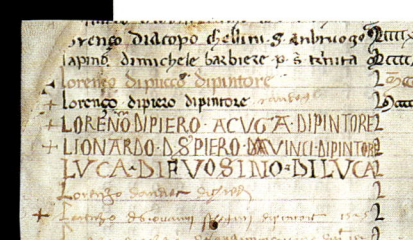

L'exemple de Verrocchio
Verrocchio, l'orfèvre, sculpteur et peintre florentin, était l'un des plus remarquables dessinateurs de l'époque, comme le prouve ce portrait de jeune femme à la coiffure savante. Dans son atelier réputé, où l'on apprenait également la musique et où l'on discutait des problèmes mathématiques, il exigeait que ses élèves travaillent d'après la nature. Il les entraînait à composer les formes selon les lois de la perspective, et les exerçait à l'étude du nu dans les postures les plus diverses. Léonard, fasciné lui aussi par la sophistication des coiffures alors à la mode, prit pour modèles de nombreuses jeunes femmes aux cheveux arrangés avec raffinement en entrelacs de tresses, de torsades, qu'il a représentées coiffées de cette façon. Et ceci est un véritable témoignage d'une science de la tresse et du nœud.

Maître florentin
Né à Vinci, près de Florence, Léonard fit son apprentissage dans l'atelier d'Andrea del Verrocchio (1435-1488). À son achèvement, en 1472, il fut inscrit comme maître sur le registre de la guilde de Saint-Luc (ci-dessus).

Visage d'ange
Ce détail révèle la variété des effets lumineux que maîtrisait Léonard de Vinci. Il avait effectué une véritable étude scientifique de la lumière et de l'ombre dans la nature, et expérimenté la réflexion lumineuse qu'offrait la superposition de couches translucides de peinture à l'huile. Il travaillait l'éclat des mèches de cheveux avec délicatesse, évitant les contrastes trop brutaux utilisés par des artistes du Nord.

Études d'après nature
Les plantes représentées derrière La Vierge aux rochers marquent l'intérêt de Léonard pour les études botaniques. S'il n'est pas indifférent au sens symbolique que la convention attribue aux fleurs, il révèle ici qu'il connaît leur mode de croissance et leur structure.

La Joconde
Léonard de Vinci, huile sur panneau, 77 x 53 cm, vers 1503-1506
La célébrité de ce portrait tient autant aux traits de l'énigmatique jeune Florentine qu'à l'étrangeté du paysage montagneux qui l'entoure. Le charme de son indéchiffrable sourire semble la maintenir hors de l'atteinte du temps.

La Vierge aux rochers
Léonard de Vinci, huile sur panneau, 189,5 x 120 cm, vers 1508
Cette seconde version de La Vierge aux rochers fut placée en 1508 sur l'un des autels de l'église milanaise de Saint-François. Certains détails, tels la main gauche de l'ange et le dos du Christ, demeurèrent inachevés. Cette œuvre illustre la rencontre du Christ et de saint Jean Baptiste enfants, alors que ce dernier vivait comme un ermite dans le désert, protégé par un ange. Le Christ, à droite, bénit Jean.

Jeune homme apparut aux yeux de tous

Mouvement de la composition
Léonard de Vinci utilisait une pyramide complexe à l'intérieur de laquelle la superposition et l'entrecroisement des formes mettaient en évidence les liens existant entre les différents personnages saints. La Vierge à demi assise sur les genoux de sa mère, sainte Anne, retient du bras le Christ qui, en se retournant, rassemble d'un seul mouvement la sainte famille en un cercle sacré. Ces rythmes géométriques soulignent la façon dont les autres formes se répondent et s'imbriquent.

Mise en scène
Les émotions des personnages s'expriment au travers de leurs gestes et de leurs visages. La main droite du Christ est discrètement levée en signe de bénédiction, tandis que la gauche effleure l'épaule de son cousin. Le visage radieux de la Vierge est illuminé d'un sourire plein de grâce. Le regard de sa mère est noyé dans l'ombre, mais son doigt, pointé vers le ciel, semble indiquer, derrière son sourire indéchiffrable, le destin divin qui les attend.

« Sfumato »
Le *sfumato* (en français : enfumé) est une technique introduite dans la peinture par Léonard de Vinci. Elle consiste à brouiller les contours par un effet d'ombre qui rappelle celui de la fumée. Même si les lignes préparatoires du dessin transparaissent, les effets du sfumato de ce carton sont particulièrement visibles dans la partie supérieure de la composition où sont peints les visages. Si l'œuvre avait été achevée, les lointains auraient certainement été enveloppés du même voile.

La Vierge et l'Enfant avec saint Jean Baptiste et sainte Anne
Léonard de Vinci, crayon noir et blanc sur papier de couleur, 141,5 x 104,6 cm, vers 1507-1508

Cette étude de Léonard est probablement une variante d'un dessin présenté en 1501 à Florence et aujourd'hui perdu. Lors de son exposition, ce dessin produisit une telle impression sur ses contemporains que certains, comme le jeune Michel-Ange (dans le *Tondo Doni*, p. 55), cherchèrent à reproduire la stupéfiante force de sa composition.

Carton percé
Ce détail, extrait d'un carton pour une *Allégorie* de Raphaël, montre la technique employée pour transférer un dessin sur un panneau : on le perçait de petits trous et on le tamponnait avec du fusain en poudre ; l'enduit sur le panneau était donc masqué à l'endroit des trous.

Les expérimentations de Léonard de Vinci

Les volumineux *Carnets* de Léonard de Vinci sont un témoignage extraordinaire de son exceptionnelle faculté d'observation et de son inlassable invention. Ces *Carnets*, dont deux ne furent retrouvés qu'en 1965, révèlent la complexité du génie de l'artiste. Ils sont rédigés à l'envers, comme dans un « miroir » – ce qui convenait particulièrement au gaucher qu'était Léonard –, et illustrés de dessins explicatifs. À côté de recherches scientifiques, abordant sous tous leurs aspects la perspective, la couleur, la lumière et l'ombre, à côté de descriptions anatomiques, on trouve des croquis de machines volantes, des puzzles mathématiques, des mécanismes à poids, des canons à vapeur (d'un type qui sera, bien plus tard, utilisé pendant la guerre civile américaine [1861-1865]) et des instruments de musique. Comme bien d'autres artistes de son époque, Léonard de Vinci consacra ses talents d'architecte à l'architecture militaire – bien plus rentable –, dessinant des canaux et des armes. Dans une lettre qu'il envoya au duc de Milan Ludovico Sforza pour se présenter, il expose les prouesses dont il est capable en tant qu'ingénieur militaire.

Dessin d'un déluge
La série de *Déluges* (v. 1515) dessinés par Léonard de Vinci (comme celui-ci, à droite), illustre de façon cataclysmique des pluies, des vagues, des brouillards et des tempêtes. Léonard de Vinci était fasciné par la puissance incontrôlable de l'eau, dont la force semblait capable de bouleverser l'ordre du monde : « Les eaux détruisent les montagnes, emplissent les vallées, et réduiraient le monde à une sphère parfaite si elles le pouvaient. »

Dans ses études, Léonard s'appuie sur ses recherches scientifiques sur la dynamique de l'eau, et la façon dont son flux « a changé la surface et le centre du monde ».

Léonard de Vinci et la musique
Remarquable joueur de *lira da braccio* (ci-dessus), Léonard construisit son propre instrument, de même qu'il dessina de nouveaux types de tambours et d'instruments à claviers.

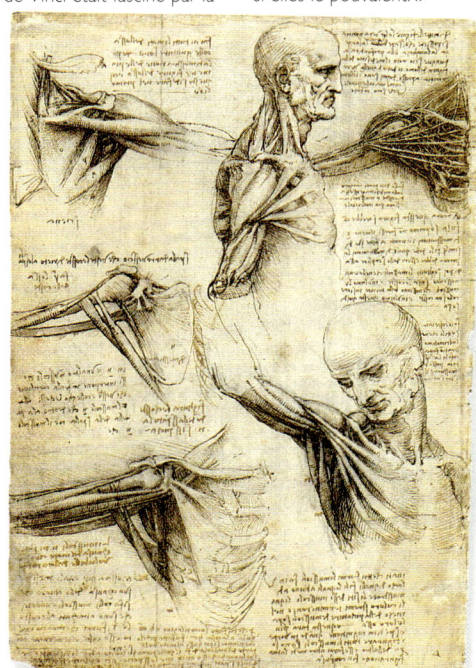

Anatomie humaine
Prévoyant de publier un traité d'anatomie, Léonard pratiqua la dissection de plus de trente cadavres. On voit ici une étude très détaillée des muscles du bras. Léonard de Vinci considérait que le corps humain était une machine des plus sophistiquées, dont les mécanismes comportaient une solution aux problèmes les plus ardus : de l'étude des tendons de la main pouvait résulter l'assemblage des éléments d'un clavier.

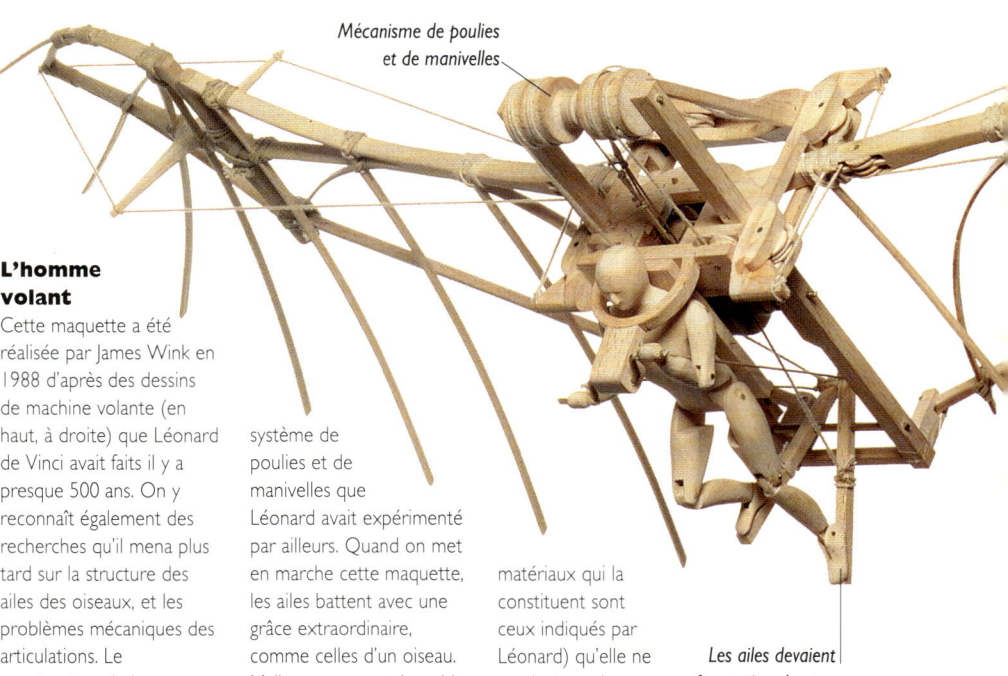

Mécanisme de poulies et de manivelles

L'homme volant
Cette maquette a été réalisée par James Wink en 1988 d'après des dessins de machine volante (en haut, à droite) que Léonard de Vinci avait faits il y a presque 500 ans. On y reconnaît également des recherches qu'il mena plus tard sur la structure des ailes des oiseaux, et les problèmes mécaniques des articulations. Le constructeur de la maquette a choisi un système de poulies et de manivelles que Léonard avait expérimenté par ailleurs. Quand on met en marche cette maquette, les ailes battent avec une grâce extraordinaire, comme celles d'un oiseau. Malheureusement, le poids de la machine est tel (les matériaux qui la constituent sont ceux indiqués par Léonard) qu'elle ne parvient pas à quitter le sol.

Les ailes devaient être actionnées par des pédales.

DÜRER LE PIONNIER Une humble et parfaite maîtrise de toutes

Albrecht Dürer (1471-1528), peintre et graveur allemand, s'employa résolument à élever la considération qu'on avait alors pour l'art dans le nord de l'Europe. Il voulait être internationalement reconnu en tant qu'« artiste peintre », et non comme un simple artisan. Avec un zèle inlassable, il s'employa à devenir l'un et l'autre : il parcourut l'Italie pour y recevoir l'enseignement des maîtres, étudia les langues et cultiva la compagnie des princes pour élever sa position sociale ; il grava sur bois et sur métal des planches d'une taille et d'une complexité jamais atteintes, qui furent copiées par les artistes de l'Europe tout entière ; enfin, il écrivit d'importants traités sur la perspective et les proportions du corps humain. Fils d'un orfèvre, Dürer vit ses ambitions intellectuelles et artistiques soutenues par son parrain, l'éditeur et imprimeur Anton Koberger (vers 1445-1513), et surtout par son ami, le célèbre érudit en lettres classiques Willibald Pirckheimer. C'est ce dernier qui encouragea Dürer à s'intéresser aux idées de la Renaissance italienne. Sa remarquable inventivité technique et la haute idée qu'il avait de son art lui valurent de jouer un rôle essentiel dans l'histoire de l'art.

Portrait du père de l'artiste
Attribué à Albrecht Dürer, huile sur panneau, 51 x 40,3 cm, 1497
La maîtrise de la ligne et le rendu du détail donnent aux traits netteté et précision.

Les Quatre Apôtres
Albrecht Dürer, huile sur panneau, chaque panneau : 214,6 x 76,2 cm, 1526
Le style de Dürer dans sa maturité est très influencé par les idéaux italiens de monumentalité et de grandeur. Ces deux panneaux, qui sont ses dernières peintures, illustrent son attachement aux nouveaux principes de la Réforme (p. 42-43). Chaque apôtre figure l'un des quatre tempéraments humains (Paul, par exemple, représente la mélancolie).

Une grosse touffe d'herbes
Albrecht Dürer, aquarelle et gouache, 41 x 31,5 cm, 1503
Dürer voulait étudier avec la même minutie chaque détail de la nature. Cette aquarelle fut exécutée à la même période que ses études d'animaux. Une telle délicatesse d'observation se retrouve dans les détails raffinés de la gravure (à droite). Pour en apprécier tous les éléments, il convient d'observer les planches à l'aide d'une loupe.

LES TECHNIQUES GRAPHIQUES MISE AU SERVICE DE LA PENSÉE

Vue de la vallée de l'Arco
Albrecht Dürer, aquarelle, 22,5 x 22,5 cm, 1495
C'est en revenant d'Italie, en 1495, que Dürer exécuta à l'aquarelle ce paysage de la vallée de l'Arco, près du lac de Garde. Il sacrifie ici à l'unité harmonieuse de la scène ses principes de strict respect de la réalité.

DÜRER MAÎTRE GRAVEUR

Les œuvres de Dürer attestent une maîtrise incomparable. Il explora la technique au trait, issue des ateliers d'orfèvres du XVe siècle. Il a réalisé cette gravure (à droite) en creusant des lignes dans une plaque de cuivre avec un burin. Une fois que l'encre a imprégné ces tracés, on presse la plaque sur une feuille de papier humide. La technique du bois gravé (en bas, à droite) consistait à évider la plaque pour ne conserver que le dessin en relief ensuite encré (ci-dessous).

Le Chevalier, la Mort et le Diable
Albrecht Dürer, gravure, 25 x 19 cm, 1513
En se servant de points et de lignes très rapprochés, et d'un réseau dense de lignes parallèles, Dürer parvenait à créer une atmosphère aux tons veloutés. Le sujet illustre la force de la foi chrétienne : un chevalier, paré de toutes les armes humaines et de tous les symboles sacrés, s'achemine sur le sentier de la vertu malgré les tentations du spectre de la Mort et du Diable.

Saint Jérôme dans son cabinet de travail
Après avoir suivi en tant qu'apprenti, l'enseignement du très célèbre peintre et illustrateur de livres de Nuremberg, Michael Wolgemut (1434-1519), Dürer se vit confier des travaux de gravure sur bois. Cette planche fut réalisée pour servir de frontispice à l'édition des écrits de saint Jérôme publiée à Bâle en 1492. En très peu d'années Dürer devint capable de réaliser lui-même toutes les opérations de la gravure sur bois ; plus tard, il enseigna à ses nombreux assistants à travailler selon son style nerveux et dynamique.

LA RÉFORME LUTHER EXIGE DES CONSCIENCES UNE

L'enseignement religieux de l'Allemand Martin Luther (1483-1546) transforma la nature de l'art sacré en divisant la Chrétienté. L'Allemagne, qui faisait partie du Saint Empire romain et dépendait de l'Église catholique de Rome, fut réprimandée pour ses « abominations infâmes et l'obscénité de ses excès ». Luther, qui ne supportait pas cette mise en scène du péché et de la punition, affronta ouvertement, en 1521, la papauté au sujet des « indulgences », documents cessibles pour de l'argent et qui exemptaient leur possesseur de faire pénitence. Pour Luther le salut dépendait exclusivement de la grâce de Dieu et aucune œuvre humaine ne pouvait l'atteindre. Gagnés par les idées de Luther, certains peintres cessèrent de peindre l'enfer et la damnation, et l'art devint le reflet de ce nouvel esprit protestant.

La Tentation de saint Antoine
Matthias Grünewald, huile sur panneau, 250,2 x 92,7 cm, 1515
Cette scène imaginée par l'artiste allemand Matthias Grünewald (v. 1460-1528) est sur le panneau intérieur du retable d'Issenheim peint pour l'ordre hospitalier des Antonites. L'histoire de leur patron, saint Antoine, illustre la croyance médiévale selon laquelle l'âme ne peut trouver son salut qu'en se battant contre le diable.

La Tentation de saint Antoine
Jérôme Bosch, huile sur panneau, 132 x 119,3 cm, vers 1505-1510
Artiste du nord de l'Europe, Jérôme Bosch (v. 1450-1516) était catholique comme ses commanditaires. Il vécut dans une période troublée par les pestes et les bouleversements religieux et sociaux. En 1499, une prédiction astrologique assurait la fin du monde en 1524. Ce panneau illustre le pessimisme de l'époque.

L'imagination de Bosch
Certaines des créatures imaginées par Bosch (voir détails, ci-dessus et à droite) sont directement inspirées de gravures astrologiques du XVe siècle ou d'enluminures encore plus anciennes. Les museaux d'animaux, par exemple, sont des transpositions littérales de nature démoniaque ou barbare. Le personnage juché sur le rat est affublé d'une queue de sirène, créature marine traditionnellement associée au diable.

Un prêtre aux allures de bête lit les écrits de saint Antoine.

On peut voir ici une parodie de la fuite en Égypte de la Sainte Famille.

RIGUEUR QUI MODIFIE LES FONCTIONS ET LES FORMES DE L'ART

Saint Antoine devant la ville
Dürer fut profondément influencé par la pensée luthérienne. Cette gravure, exécutée en 1519, représente l'ermite saint Antoine, considéré comme le fondateur du premier ordre monastique, vêtu d'une bure de moine et d'un capuchon. Cette évocation rompt radicalement avec les images traditionnelles du saint dans le désert, entouré de créatures étranges, reprises par Grünewald (à gauche). Dürer choisit de mettre l'accent sur la relation personnelle du saint avec Dieu, sur l'érudition de son savoir à la recherche d'une vérité spirituelle.

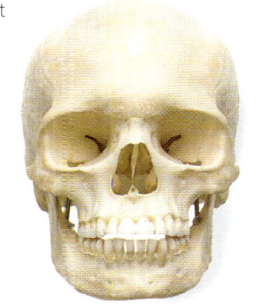

La danse de la mort
Le regain de popularité dont jouissait le thème médiéval de la « Danse de la mort » menaçait l'autorité de l'Église catholique. Un squelette rend visite à des hommes de toutes conditions sociales, rappelant ainsi que tous sont égaux devant la mort. L'exemple le plus célèbre est celui de la série des quarante bois gravés qu'Holbein le Jeune réalisa en 1538 (on voit ici, à gauche, *L'Astronome*).

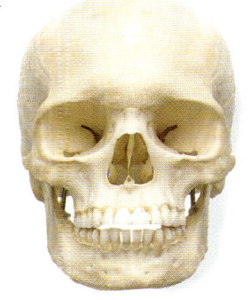

Un crâne humain : l'image de la mort

Les Ambassadeurs
Hans Holbein le Jeune, huile sur panneau 207 x 209,5 cm, 1533
Ce double portrait, grandeur nature, exécuté par l'artiste allemand Hans Holbein le Jeune (1497/1498-1543) témoigne des bouleversements provoqués par la Réforme dans le monde intellectuel. Il présente Jean de Dinteville, ambassadeur de France, et Georges de Selves, évêque de Lavaur, placés devant des objets scientifiques ou utiles à la recherche. L'étrange forme posée à leurs pieds est un crâne humain vu dans une perspective déformée (anamorphose). À une certaine distance, il reprend sa forme normale et joue son rôle de « memento mori », c'est-à-dire de rappel de la mort : il met en garde contre la vanité de la connaissance.

La Bible de Luther
Luther prônait le retour au texte original de la Bible, minimisant ainsi l'importance accordée aux récits de la vie des saints et de la Vierge. Une fois décrété hors la loi, et obligé de se cacher (sous la protection de Frédéric le Sage, électeur de Saxe), Luther commença sa traduction de la Bible en allemand, à partir des originaux grecs et romains. La première Bible luthérienne fut imprimée en 1534 et eut une influence considérable. Les gens du peuple avaient désormais accès à ces écrits. Une nouvelle édition (à gauche) vit le jour en 1546, l'année de la mort de Luther.

Lucas Cranach l'Ancien participa au financement de la première édition de la Bible de Luther.

La prédelle représente Luther prêchant devant un crucifix.

Autel de la Réforme, église Sainte-Marine, Wittenburg
Lucas Cranach l'Ancien, huile sur panneau, panneau central : 120,7 x 81,3 cm, panneaux latéraux 120,7 x 46,4 cm, 1547-1552.
Artiste de la cour de Frédéric le Sage, le peintre allemand Lucas Cranach l'Ancien (1472-1553) fut promu au rang de peintre « officiel » de la cause protestante.

LA RÉPUBLIQUE DE VENISE — LA BEAUTÉ DU PORT DE L'EUROPE

La Venise de la Renaissance fut l'un des États les plus riches de toute l'Europe ; ce fut aussi l'un des plus éclairés et l'un des plus stables sur le plan politique. Sa prospérité commerciale s'appuyait aussi bien sur la possession de terres comprenant Padoue et Bergame, que sur son empire maritime, qui s'étendait de l'Istrie jusqu'à Chypre (acquise en 1489). Capitale du commerce des mers, située au carrefour de l'Orient et de l'Occident, Venise prit peu à peu part aux conflits territoriaux de l'Italie (1490-1530) ainsi qu'aux batailles politiques. Elle en sortit fière et inviolée grâce à la stabilité sans pareille que lui conférait sa constitution républicaine. En l'absence de cour, les artistes bénéficiaient, par l'intermédiaire de l'État, d'une constante source de commandes.

Monnaie de poids
Les artistes étaient attirés par l'argent de Venise : les ducats vénitiens étaient alors l'une des monnaies les plus fortes du marché international.

Le rôle des « Scuole »
Les *Scuole* vénitiennes (associations religieuses qui administraient les recettes de la charité) étaient parmi les plus importants commanditaires d'œuvres d'art de Venise : la Scuola Grande di San Marco employait trois des plus célèbres artistes de Venise pour décorer ses bâtiments (ci-dessous).

LA GLOIRE DE LA BEAUTÉ

Nul plus que les Vénitiens n'était persuadé de la suprématie de Venise : ils travaillaient à embellir leurs bâtiments et leurs palais pour augmenter encore le prestige et la gloire de l'État. Aucune des grandes familles vénitiennes n'était indifférente à cet éclat parce que le doge (mot qui veut dire « duc » en vénitien), élu à la tête de l'État, était choisi en leur sein.

Détruite par le feu, la *Scuola* fut reconstruite en 1485 avec l'aide de l'État.

C'est Piero Lombardo qui dessina la partie inférieure de la façade.

Le palais des Doges fut décoré par les plus grands peintres de l'époque : Titien, Tintoret (p. 46-47) et Véronèse.

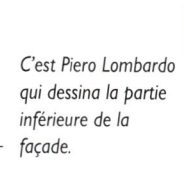

Le Doge Leonardo Loredan
Giovanni Bellini, huile et tempera sur panneau, 61,6 × 45,1 cm, vers 1501
Leonardo Loredan fut doge de 1501 à 1521. Le doge était élu et dirigeait la cité un peu à la manière des monarques modernes. Il était nommé à vie (on l'élisait habituellement à un âge déjà avancé) et n'avait d'autre affiliation politique que celles de sa famille.

La Marciana
Les soubassements des bâtiments de Venise sont des piliers de bois profondément enfoncés dans la vase. Le Florentin Jacopo Sansovino (v. 1486-1570), qui fuyait le sac de Rome, en 1527 (p. 50), se rendit à Venise où il fut nommé architecte de la République en 1529. Sa célèbre bibliothèque (1537-1588) – que l'architecte Palladio qualifiait de « bâtiment le plus riche qui ait été construit depuis les Anciens » – se trouve en face du palais des Doges, sur la place Saint-Marc.

La réputation de Sansovino fut mise à mal en 1545, lorsqu'une des arcades s'effondra.

Colonnes, arcades et sculptures rappellent les splendeurs de la Venise de l'Antiquité.

Avec seulement deux étages, la bibliothèque ne rivalise pas avec le palais des Doges, qui lui fait face.

QUI COMMERCE AVEC L'ORIENT HÉRÉTIQUE

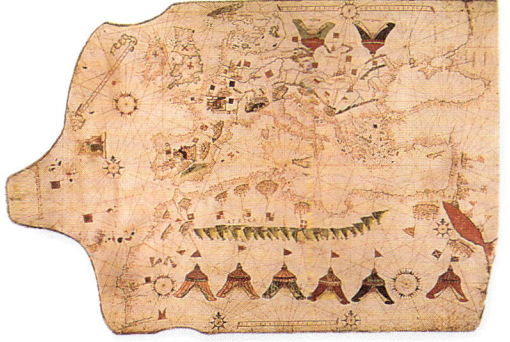

Commerce méditerranéen
Les richesses du Proche et de l'Extrême-Orient arrivaient par la mer Méditerranée. Ce fragment d'une carte du monde dressée en 1537 montre les pays dans lesquels les marchands vénitiens se rendaient régulièrement. C'est pour protéger ces routes commerciales que la Sérénissime bâtit un empire maritime.

Le Couronnement de la Vierge avec des saints
Giovanni Bellini, huile sur toile, 500 × 236 cm, 1505
Ce tableau d'autel se trouve toujours à l'intérieur de l'église San Zaccaria, à Venise. Ce sont les autels vénitiens de Bellini qui valurent à ce type de représentation le nom de *sacra conversazione*, « conversation sacrée » entre la Vierge, l'Enfant et plusieurs saints. La présence des anges musiciens renforce le climat d'harmonie spirituelle.

L'outremer, comme son nom l'indique, était rapporté, par voie de mer, d'Afghanistan.

Outremer (bleu-violet)   Réalgar   Orpiment

Richesses exotiques
Parmi les objets de luxe dont Venise faisait le commerce, on trouve des épices, tels la muscade, le macis et, surtout, le poivre ; des teintures et des pigments (l'outremer, l'orange et l'or servant aux enluminures) ; enfin, des soies, des bijoux, des drogues médicinales et des céramiques.

Macis

Noix muscade

Poivre long

Muscade pilée   Fleur de muscade pilée

Grains de poivre

Richesse décorative
Le goût des Vénitiens pour les tissus somptueux tels que ce brocart de soie (ci-dessous) se retrouve dans la splendeur que montrent les peintures : riches draperies, brocarts, tapis orientaux, motifs ornementaux complexes et stylisés.

Les Noces de Cana
Paolo Véronèse, huile sur toile, 665 × 991 cm, 1563
Les gigantesques peintures à l'huile de ce type devinrent une spécialité de Venise, car elles étaient particulièrement bien adaptées à l'humidité de la ville. Celle-ci fut réalisée pour la sacristie de San Giorgio Maggiore. La composition est si chargée de détails (musiciens, domestiques, jongleurs, chiens, invités en costumes chamarrés) qu'il devient difficile de remarquer la présence du Christ, assis au centre. Ce plaisir à peindre les fêtes est l'une des principales caractéristiques de la peinture vénitienne.

TITIEN, LE MAÎTRE DE LA COULEUR UN PEINTRE QUI SERT SON

Les dialogues de Dolce
Dans son ouvrage *Dialogue sur la peinture* (1557), le théoricien Ludovico Dolce (1508-1568) célèbre Titien comme le plus grand des peintres vivants.

L'œuvre de Titien (1488/89-1576) connut rapidement un rayonnement international et domina toute la Renaissance vénitienne. Apprenti dans l'atelier de Giovanni Bellini (p. 34), il rejoignit bientôt celui de Giorgione (p. 35), à qui l'on attribua longtemps certains de ses tableaux de jeunesse. La nouveauté du style de Titien (le dynamisme de ses personnages et son usage audacieux de la couleur) se remarque déjà dans le grand retable de l'église des Frari, l'une de ses premières commandes. Sa maîtrise de coloriste est frappante : plus que la ligne, c'est la couleur qui détermine sa peinture. Il était capable de traiter des sujets spirituels avec une expressivité physique très vive, mais la sensualité de son travail se déployait mieux au travers de thèmes mythologiques, comme en témoignent son *Bacchus et Ariane*, peint pour le château du duc de Ferrare, et, plus tard, ses « poésies », poèmes peints pour Philippe II, roi d'Espagne.

UNE CLIENTÈLE PRINCIÈRE

Titien peignit non seulement pour la cour du Saint Empire romain, mais il travailla aussi pour la cité et les églises de Venise, la famille Gonzague, à Mantoue, et la famille Farnese, à Rome, qui comptait parmi ses membres le pape Paul III.

L'Assomption et le couronnement de la Vierge
Titien, huile sur panneau, 690 x 360 cm, 1516-1518
Cette peinture colossale fut exécutée pour le maître-autel de la grandiose église vénitienne Santa Maria Gloriosa dei Frari. Titien y représente la Vierge couronnée s'élevant dans les cieux après sa mort. Une telle interprétation était si peu conventionnelle que les frères qui avaient passé la commande hésitèrent à accepter l'œuvre. Ils étaient déconcertés par les poses théâtrales, la vigueur de la composition, la richesse et la sensualité des couleurs.

La Vierge semble prise dans un mouvement de spirale. Une telle posture apparaît pour la première fois dans la peinture vénitienne.

Triangle coloré
La puissance évocatrice du retable de l'église des Frari est due à sa structure colorée. La composition de Titien se divise en deux parties : le cercle formé par les cieux, d'une part et, d'autre part, le bloc rectangulaire des apôtres en bas, rappelant par sa forme le sarcophage de la Vierge. Un grand triangle, constitué à la base des draperies vermillon des deux apôtres, de la robe de la Vierge et du vêtement de Dieu, guide l'œil vers le haut de la peinture. Titien utilisa les meilleurs pigments et juxtaposa les couleurs avec une telle science et une telle précision qu'il parvint à recréer les conditions d'un éclairage naturel.

Les apôtres qui assistent à l'assomption de la Vierge nimbée d'un halo de lumière sont enveloppés d'un subtil jeu d'ombres.

AMBITION EN SE METTANT AU SERVICE DES PRINCES LES PLUS PUISSANTS 47

Bacchus lance les joyaux dans les cieux.

La constellation d'Ariane
Les étoiles (en haut à gauche de la toile) symbolisent les joyaux de la couronne d'Ariane.

Le satyre qui brandit une patte de veau semble sortir de l'espace pictural.

Mouvement des personnages
L'impression de mouvement qui se dégage de cette scène culmine dans la danse de Bacchus qui occupe le centre d'une ronde où chaque personnage est saisi dans sa dynamique.

Détail de l'histoire
On aperçoit au loin le bateau de Thésée qui s'éloigne sur la mer.

Bacchus et Ariane
Titien, huile sur toile, 175,2 x 190,5 cm, 1520-1523
Cette peinture est l'un des trois sujets mythologiques commandés par Alfonso d'Este pour le Camerino d'Alabastro (la chambre d'Albâtre) de son château de Ferrare, en Italie. La commande fut d'abord confiée à Raphaël, qui mourut avant d'avoir pu la réaliser. L'histoire, basée sur les récits des poètes romains Ovide et Catulle, raconte comment Bacchus, dieu de la vigne, vint au secours d'Ariane, fille du roi Minos, qui avait été abandonnée sur l'île de Naxos par son amant, Thésée. Différents épisodes de l'histoire sont disposés sur les côtés de la toile (à gauche, en haut et à droite), tandis que Bacchus occupe la composition centrale. L'énergie de sa pose – qui le montre à demi volant dans les airs – est accentuée par l'usage brillant de la couleur et le paysage luxuriant qui l'environne.

Les Origines de la voie lactée
Tintoret, huile sur toile, 148 x 165,1 cm, vers 1578
Titien renforça le goût pour les sujets mythologiques dans la Venise du XVIe siècle. L'un de ses disciples, Tintoret (1518-1594), restait cependant critique face aux méthodes du vieux maître. Il inscrivit sur les murs de sa chambre cette formule personnelle, clef du succès : « Le dessin de Michel-Ange et la couleur de Titien. » Cette œuvre mythologique de Tintoret illustre, comme ses peintures religieuses, son penchant pour l'énergie du trait et la théâtralisation des effets lumineux.

La lumière qui frappe la manche de soie bleue donne l'illusion qu'elle sort de l'espace pictural.

Portrait d'homme
Titien, huile sur toile, 81,2 x 66,3 cm, vers 1511
Excellent portraitiste, Titien immortalisa les traits de la plupart de ses contemporains célèbres : il peignit de magnifiques portraits de l'empereur Charles V, de François Ier, roi de France, et de Philippe II d'Espagne. Cette œuvre de jeunesse illustre son talent et sa puissance d'expression.

L'APOGÉE DE LA RENAISSANCE — LES AUDACES DE QUELQUES HOMMES

L'an 1500 est une année charnière : les styles des artistes et leurs objectifs se modifient. Cette nouvelle période est habituellement associée à la carrière des « géants » de l'art italien : Michel-Ange, Raphaël et Titien. Vasari désigne, en 1550, ce nouveau courant par le maître mot de « grazia », signifiant qu'il s'agissait d'un art empreint d'une grande douceur et d'une grâce raffinée. Les détails les plus travaillés devaient sembler avoir été réalisés sans effort. L'huile était le médium idéal pour rendre cette « grazia » : elle permettait de mélanger les couleurs pour obtenir les effets les plus chatoyants tout en laissant chacun s'exprimer selon sa « hardiesse », à une époque où le style personnel était devenu un trait artistique extrêmement prisé. Cette individualisation de l'artiste se mesurait à sa capacité d'invention, à l'ampleur de son imagination et à la puissance de son expression.

Portrait de Baldassare Castiglione
Raphaël, huile sur toile, 82 x 66 cm, vers 1514-1515
Raphaël (1483-1520) fit le portrait de son ami Castiglione, qui avait publié en 1528 *Le Livre du courtisan* (ci-dessous). Comme pour tous les portraits de cette période de la Renaissance, le personnage est traité d'une façon à la fois simple et sophistiquée.

MOMENT EXCEPTIONNEL
Pendant quelques années, il n'y a pas de défi trop grand, de pose trop complexe, d'échelle trop vaste pour qui veut devenir un grand artiste de la Renaissance !

« … le plus beau des styles s'acquiert en copiant inlassablement les plus belles choses… »
Giorgio Vasari, extrait des *Vies des plus excellents peintres, sculpteurs et architectes*, publiées en 1550

L'Apollon du Belvédère
L'élégance de la pose de cette statue romaine devint l'emblème de la grâce, de l'aisance et de la puissance que les artistes cherchaient à atteindre. Cet Apollon, datant du IIe siècle après J.-C., est une copie romaine exécutée d'après un ancien bronze grec. Découverte vers la fin du XVe siècle, elle était la pièce maîtresse de la collection de sculptures que le pape Jules II gardait dans son nouveau Belvédère (p. 58).

Ces mains délicatement enlacées ont été peintes d'après nature.

L'art du courtisan
Le traité de Castiglione eut énormément d'influence. Il décrit le comportement idéal de naturel des hommes et des femmes de la cour ducale d'Urbino (ci-dessous), et développe la thèse suivant laquelle l'effort requis pour la création artistique ne doit pas transparaître dans l'œuvre.

La palais ducal d'Urbino
Urbino était un centre culturel célèbre à l'époque des ducs de Montefeltre.

Tobie et l'archange Raphaël
Pietro Perugino, huile et tempera sur panneau, 113,3 x 56,5 cm, vers 1500-1505
Originaire d'Ombrie, Perugino – qu'on appelle aussi en français Pérugin (v. 1448-1523) – fut l'un des peintres les plus prisés en Italie dans les années 1480 et 1490. Son jeune assistant, Raphaël, imita le charme et la délicatesse de ses personnages, en les associant au style neuf et plus grandiose du Florentin Léonard de Vinci. Perugino était particulièrement célèbre pour sa délicatesse dans le maniement de la peinture à l'huile. Ce panneau de retable montre que Perugino traitait en maître la lumière de la carnation des personnages, des écailles du poisson et des cheveux satinés (détail à gauche). La pose de Tobie respecte les modèles classiques : le corps, à peine incurvé, ne repose que sur une jambe.

ASSURÉS DE DONNER UN NOUVEAU SENS AU MONDE

La Madone Garvagh
Raphaël, huile sur panneau, 38,7 x 32,7 cm, vers 1508-1510
Les peintures de la Vierge et l'Enfant de Raphaël donnent une image idéalisée de la nature. Selon la coutume de l'époque, Raphaël avait sélectionné les plus beaux modèles (en dessinant d'après nature) pour les associer aux meilleures trouvailles des grands maîtres, comme par exemple la composition pyramidale des personnages empruntée à Léonard de Vinci. Le geste de la Vierge serrant le tissu de son manteau, provient de la sculpture romaine.

La Bataille d'Issus
Albrecht Altdorfer, huile sur panneau, 158,4 x 120,3 cm, 1529
En prenant de l'assurance, les artistes élargirent le choix de leurs sujets : ils cherchèrent à représenter les phénomènes atmosphériques naturels. Tandis que les Italiens préféraient peindre les paysages, les nuages, les cieux étoilés et la splendeur du soleil comme décors naturels de l'homme, l'Allemand Albrecht Altdorfer (v. 1480-1538) montrait l'humanité tel un grain de sable perdu dans l'immensité du monde et obligé de combattre les forces cosmiques de la nature. Cette spectaculaire scène de bataille, dominée par un ciel agité et fantastique (détail en bas, à droite), est d'autant plus impressionnante qu'elle est représentée à une petite échelle. Ce point de vue « en survol » permet au peintre Altdorfer de transcender les limites du panneau de bois et de restituer la véritable grandeur de l'univers.

La splendeur du soleil couchant évoque celle de la nature.

Les fenêtres emplissent la coupole d'une lumière bien réelle qui ajoute à l'effet illusionniste de l'ensemble.

L'Assomption de la Vierge
Le Corrège, fresque, 1093 x 1195 cm, vers 1526-1530
Pour réaliser ces trompe-l'œil dans la coupole de la cathédrale de Parme, le peintre eut recours à différents stratagèmes ; il se servit en particulier de la perspective pour donner l'illusion d'un espace réel, ce qui était le moyen le plus sûr de prouver son talent. Peintre du nord de l'Italie, il Correggio – en français Le Corrège (v. 1489-1534) – tenait son art de l'enseignement de Mantegna, dont il surpassa la technique en audace et en imagination avec une aisance et un style fascinante. Le regard est emporté dans un mouvement de spirale irrésistible qui prend naissance dans le cercle formé par les apôtres, à la base, se poursuit dans celui des anges et des chérubins, pour atteindre l'image de la Vierge qui s'élève dans les cieux.

Le Corrège

LE RENOUVEAU DE ROME   Les papes décident de rendre à la ville

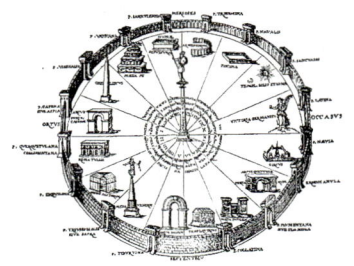

Reconstruire la Rome antique
Marco Fabio Calvo, érudit et spécialiste de l'Antiquité, travailla avec Raphaël à la reconstitution de la Rome antique. Ce bois gravé, extrait de son livre publié en 1527, représente sous la forme d'un plan circulaire les principaux monuments subsistants.

Lorsque Raphaël arriva à Rome, en 1508, l'ambitieux programme du pape Jules II avait déjà débuté. Rome était devenue la résidence permanente des papes depuis le règne de Nicolas V (pape de 1447 à 1455), et déjà, les cardinaux et les familles influentes, encouragés par les avantages fiscaux et les concessions de propriétés qu'on leur accordait, se lançaient dans la construction de palais et d'églises. Les travaux d'excavations ne manquaient pas d'exhumer d'innombrables ruines de l'ancienne Rome. Le banquier siennois Agostino Chigi, financier des papes, construisit la Villa Farnesina ; ses écuries, dessinées par le jeune Raphaël, se voulaient plus grandioses qu'un palais. Cependant le projet architectural le plus prestigieux fut l'élévation de la nouvelle basilique Saint-Pierre.

PATRIMOINE ARCHÉOLOGIQUE

Donato Bramante (1444-1514), entouré de nombreux autres artistes – dont Michel-Ange et Raphaël – consacra tout son talent à l'édification de la nouvelle basilique. Une quantité considérable de marbre de la Rome antique servit à sa construction, bien que Léon X (pape de 1513 à 1521 et successeur de Jules II, pape de 1503 à 1513) eût chargé Raphaël de préserver l'héritage archéologique de la ville.

Ce groupe met en scène le prêtre troyen Laocoon et ses fils mourant étouffés par les serpents.

Laocoon
marbre, haut. : 245 cm, IIe-Ier siècle av. J.-C.
La découverte, le 14 janvier 1506, de la sculpture antique du *Laocoon*, dans une vigne de la colline de l'Esquilin, fut un événement sensationnel qui eut un retentissement considérable sur les artistes de Rome. Michel-Ange et l'architecte Giuliano da Sangallo se déplacèrent pour le voir, alors qu'il était encore à demi enterré, et reconnurent immédiatement en lui le groupe grec que Pline décrivait comme « l'œuvre qu'on se doit d'admirer le plus parmi tous les ouvrages de peinture et de sculpture ».

L'architecte et peintre siennois Baldassare Peruzzi (1481-1536) avait peint l'horoscope de Chigi sur le plafond de la voûte qu'il destinait à la villa.

Le Triomphe de Galatée
Raphaël, fresque, 295 x 225 cm, 1511
Des fêtes somptueuses avaient lieu à la Villa Farnesina de Chigi, dans les larges pièces du rez-de-chaussée ouvrant sur le jardin ; leurs murs étaient décorés de scènes mythologiques à la manière de la Rome impériale. La célèbre fresque de Raphaël représentant Galatée se trouvait dans la même « loggia » que les œuvres d'autres artistes. Raphaël tira son inspiration pour la fresque des « Vers pour les joutes de Giuliano de Médicis » de Politien (p. 33), qui décrivaient une gravure ornant les portes du palais de Vénus : la nymphe Galatée, entourée de créatures marines et d'Amours, y chevauchait une coquille tirée par des dauphins. Il semble bien que Raphaël se soit inspiré d'un modèle qui nous est inconnu.

La Farnesina
Peruzzi conçut la villa (bâtie de 1508 à 1511) dans le style d'une maison de campagne romaine. Il peignit lui-même, à l'intérieur, les fausses perspectives du *Salone delle Prospettive*. L'élégance de son style lui valut d'être nommé coarchitecte de Saint-Pierre (en haut à droite) à la mort de Raphaël, en 1520.

SON ANTIQUE SPLENDEUR ARCHITECTURALE

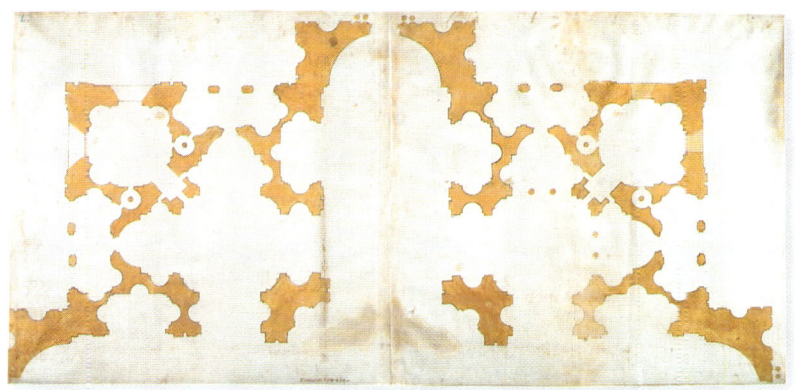

Le nouveau Saint-Pierre

L'ancienne basilique Saint-Pierre érigée sur l'emplacement présumé de la tombe de l'apôtre sous Constantin le Grand était peu à peu tombée en ruine. Jules II ordonna son remplacement par une église d'une splendeur incomparable, dont il posa la première pierre en 1506. Les plans furent confiés au célèbre Bramante, alors très âgé. Dix architectes devaient se succéder durant la construction, qui dura cent vingt ans.

Les plans de Bramante

Le plan de Bramante, datant de 1506 (à gauche), et la médaille de bronze de Caradosso (à droite), frappée pour commémorer le dessin de la façade du bâtiment, donnent un aperçu de la nouvelle basilique en forme de croix grecque (aux quatre branches égales) avec une haute tourelle aux angles. Un dôme gigantesque, à l'échelle de celui du Panthéon de la Rome antique, couronnait l'ensemble.

Voici le dessin original de Bramante : les différences avec la version définitive (ci-dessus) sont très visibles.

Une fois terminé, le dôme dépassait en hauteur celui prévu initialement.

L'apport de Michel-Ange

Bramante érigea les piliers et les arcades qui devaient supporter le dôme, mais le bâtiment n'acquit sa silhouette actuelle (à droite) qu'à partir de 1546, lorsque Michel-Ange devint l'architecte du pape Paul III. Il travailla jusqu'à sa mort, en 1564, à compléter la basilique, dessina les façades arrière ainsi que le dôme (achevé par Giacomo della Porta en 1593).

Bramante renonce ici à la forme en croix des églises de la Renaissance pour adopter le plan circulaire des temples antiques.

Le dôme, entouré d'un bord en saillie et de niches dépourvues d'ornements sur le tambour, semble être sculpté d'un seul bloc.

Un temple de la Renaissance

Le *tempietto* (« petit temple ») de Bramante, situé à San Pietro in Montorio à Rome, possède la dignité austère et monumentale d'un temple classique : il rend manifeste l'idéal des artistes de la Renaissance, qui cherchaient à recréer à la fois le style et l'esprit de la Rome ancienne.

Thèmes décoratifs

Les fresques commandées par le cardinal Bibbiena pour décorer les Loges du Vatican furent achevées en 1516 par Raphaël et son principal assistant, Giovanni da Udine. Elles s'inspiraient des peintures ornementales récemment découvertes dans les chambres souterraines de la maison Dorée de Néron et dans des ruines romaines proches de l'église San Pietro in Vincoli. Leurs motifs, pleins de légèreté et de grâce, alliaient plantes, figures humaines et créatures fantastiques ; ils reçurent le qualificatif de « grotesques » (du mot italien *grotte*, qui signifie caverne) en référence aux chambres souterraines.

RAPHAËL ET LES CHAMBRES DU VATICAN L'AMBITIEUSE MISE

L'immense réputation acquise par Raphaël à Florence parvint jusqu'à Rome. Dès 1509, Jules II lui demanda de décorer trois « stanze » (en français : chambres) du nouvel appartement pontifical, situé à l'intérieur du magnifique palais du Vatican. Raphaël (1483-1520) y travailla avec acharnement, tandis que, juste à côté, Michel-Ange finissait le plafond de la chapelle Sixtine. L'achèvement de la première « stanze », la *Chambre de la Signature*, confirma immédiatement la renommée du peintre, comme étant celle d'un des plus grands décorateurs de son temps. Par la suite, d'innombrables artistes cherchèrent à copier ces fresques aux compositions ambitieuses sans jamais en égaler la grâce. Dans la seconde Chambre, celle d'*Héliodore*, Raphaël adopte un style plus vigoureusement théâtral. Le pape mourut avant qu'elle ne fût terminée. La *Chambre de l'Incendie*, la dernière, réalisée sous le règne de Léon X, fut pour l'essentiel laissée à l'exécution de ses assistants.

La Philosophie
Raphaël a illustré les thèmes principaux de la *Chambre de la Signature* dans les quatre médaillons du plafond : la Philosophie (ci-dessus), la Théologie, la Poésie et la Jurisprudence. À l'aplomb de chacune de ces figures féminines, une fresque présente leurs plus illustres disciples.

L'ÉCOLE D'ATHÈNES
Raphaël, fresque, lunette, à la base : 772 cm, 1510-1512

La *Chambre de la Signature* devait vraisemblablement devenir la bibliothèque privée de Jules II. C'est pour cette raison que les quatre disciplines (en haut, à droite) présidant au classement des livres figuraient au plafond. Les fresques des murs représentent tous les héros de la littérature des époques classiques de la Chrétienté. Les philosophes de *L'École d'Athènes* occupent un mur face au groupe de théologiens argumentant les mystères du Sacrement ; plus loin, les poètes du Parnasse (à l'extrême droite) s'opposent aux législateurs. Cette fresque date de l'époque où Michel-Ange dévoila la première partie de son plafond.

Logique des positions
Le placement réfléchi des nombreuses figures obéit aux règles de la perspective de Ghiberti (p. 4). Raphaël a traité avec précision les moindres gestes des personnages. Chaque position, chaque mouvement (inspiré des sculptures classiques) obéit à la logique aussi implacable que mathématique du schéma perspectif de l'ensemble.

EN SCÈNE D'UN PROJET ICONOGRAPHIQUE VOULU PAR LES PAPES

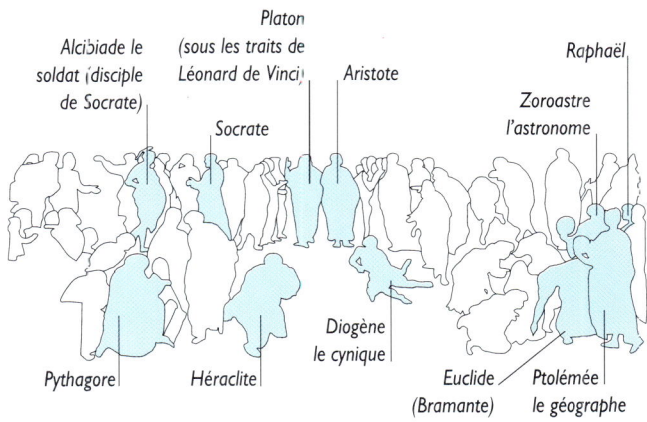

Anciens philosophes
On a pu identifier un grand nombre des personnages de *L'École d'Athènes* : au centre se trouvent les philosophes grecs, Aristote et Platon (pour lequel Léonard de Vinci servit de modèle). Leurs gestes – Platon pointe le doigt vers le ciel tandis qu'Aristote désigne de la main les réalités de ce monde – révèlent la nature de leurs idées. Raphaël s'est représenté parmi leurs élèves.

Portrait du pape Jules II
Raphaël, huile sur panneau, 108 x 80,7 cm, vers 1511-1512
Durant son règne (1503-1513), le pape Jules II fit de Rome le centre de la vie artistique de l'Italie. Il commanda le plafond de la chapelle Sixtine à Michel-Ange, les Chambres à Raphaël, débuta la collection du Belvédère (p. 58) et la construction de la basilique Saint-Pierre (p. 51). Dans le domaine politique, il fut un réformateur financier brillant, un diplomate habile et un chef militaire talentueux. Ce magnifique portrait exécuté par Raphaël montre le pape un an avant sa mort. Le dossier de son fauteuil, décoré de glands, rappelle les chênes des armoiries de la famille della Rovere dont il est issu. Ces mêmes glands apparaissent au plafond de la chapelle Sixtine.

La Libération de saint Pierre
Raphaël, fresque, lunette à la base : 660 cm, vers 1512-1513
La *Chambre d'Héliodore* est couverte de fresques illustrant les plus grands miracles de l'histoire de l'Église chrétienne. L'une des plus remarquables est *La Libération de saint Pierre* : peinte autour d'une fenêtre, elle apparaît plus sombre encore. L'apôtre est endormi dans sa cellule lorsqu'un ange surgit, auréolé de lumière, et brise les liens qui retiennent ses mains. Le saint s'échappe (à droite), tandis que les soldats (à gauche) restent frappés de stupeur.

La Libération de saint Pierre rappelle l'Italie libérée des envahisseurs français par les armées de Jules II.

Les copies de Raphaël
Les compositions de Raphaël furent d'autant plus célèbres qu'elles furent gravées par un de ses contemporains, Marc-Antoine Raimondi (1480-1534). On reconnaît ici la fresque du *Parnasse*, avec Apollon, les Muses et les poètes, provenant de la *Chambre de la Signature*.

LES « DIVINS » POUVOIRS DE MICHEL-ANGE Un maître des

Sculpteur, peintre, poète et architecte, le Florentin Michelangelo Buonarroti, dit Michel-Ange (1475-1564), explora les idéaux artistiques de sa génération jusqu'à leurs limites, tant sur le plan matériel que sur le plan stylistique. Issu de la petite noblesse, il apprit la technique de la fresque au sein de l'atelier de Ghirlandaio (p.13) et s'exerça à la sculpture. Il effectua, dans sa jeunesse, des copies de fresques de Giotto et de Masaccio, et étudia la sculpture de Donatello. À partir de ces exemples illustres, auxquels s'ajoutaient ceux de la sculpture antique, Michel-Ange découvrit le pouvoir expressif du nu masculin. L'élégance et la taille imposante de ses œuvres eurent un impact considérable : il suscita, sans le vouloir, un véritable culte pour son génie, jugé surhumain, et bouleversa la façon dont les artistes abordaient eux-mêmes leurs créations.

Michel-Ange
Ce buste de Michel-Ange se trouve dans l'église Santa Croce à Florence. Il orne sa propre tombe, dessinée par Giorgio Vasari (1511-1574), qui joua un grand rôle dans la réputation hors du commun de Michel-Ange.

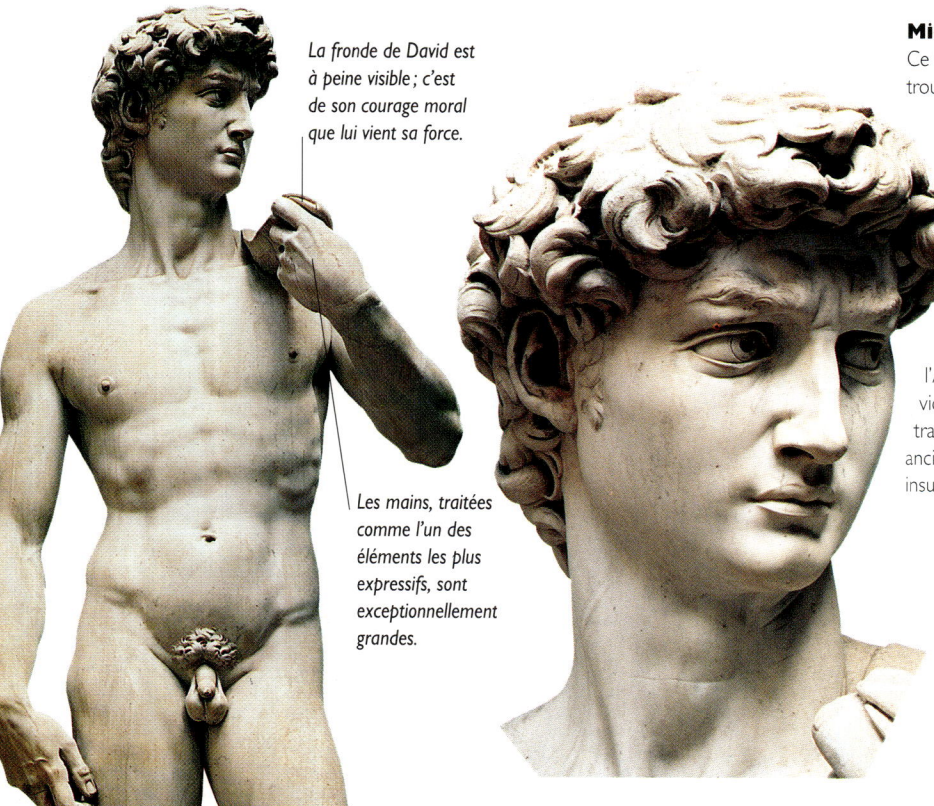

La fronde de David est à peine visible ; c'est de son courage moral que lui vient sa force.

Les mains, traitées comme l'un des éléments les plus expressifs, sont exceptionnellement grandes.

David
Michel-Ange, marbre, 409 cm, 1501-1504
Le *David* de Michel-Ange est la plus grande sculpture de marbre exécutée depuis l'Antiquité. Le jeune berger victorieux du géant Goliath est transfiguré en héros des temps anciens, à la grâce et à la beauté insurpassée. Son corps marie la sensualité indolente à la force athlétique, tandis que les traits de son visage sont d'une noblesse idéalisée (à gauche). Michel-Ange maîtrisait parfaitement l'anatomie : le tracé de chaque muscle et de chaque nerf est visible ainsi que les veines saillantes des mains. Surplombant le visiteur à l'entrée du Palazzo Vecchio, *David* symbolisait la suprématie de Florence.

« Ma barbe vers le ciel, je sens l'arrière
de mon crâne
Appuyé sur ma nuque j'épanouis la poitrine
d'une Harpie
Mon pinceau, constamment au-dessus
de mon visage,
en fait une splendide mosaïque,
en s'égouttant. »
Michel-Ange, Sonnet 64, deuxième strophe

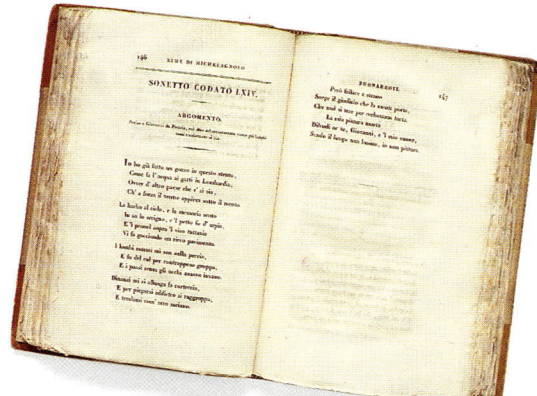

Michel-Ange passa huit mois à Carrare pour choisir des blocs.

Les carrières de marbre de Carrare
David doit ses dimensions imposantes à la taille d'un marbre, choisi en 1466, ébauché pour une figure de géant, puis abandonné. Michel-Ange releva le défi de l'achever.

Michel-Ange poète
Michel-Ange fut aussi l'un des plus illustres poètes de son temps. Ses *Sonnets* traduisent avec émotion et humour ses tourments spirituels et artistiques. Celui-ci, écrit en 1511, relate les problèmes très concrets qu'il affronta pour peindre le plafond de la chapelle Sixtine (p. 56-57).

TECHNIQUES À LA RÉPUTATION HORS DU COMMUN

Le Tondo Doni
Michel-Ange, tempera sur panneau, diam. : 120 cm, vers 1506-1508
Ce *tondo* (« peinture ronde ») est le seul panneau entièrement peint par Michel-Ange, conservé jusqu'à nos jours. Il fut commandé par Angelo Doni à l'occasion de son mariage avec Maddalena Strozzi. La disposition complexe des personnages de la Sainte Famille, l'entrelacement de leurs gestes, inspirés d'un carton de Léonard de Vinci, furent calculés pour s'inscrire dans le format circulaire du *tondo*.

Le *Moïse* possède la force imposante, la *terribilità* qu'admiraient tant les contemporains du sculpteur.

Le tombeau de Jules II est visible à Rome, à San Pietro in Vincoli. Seul le *Moïse* (1515) et les niches (1506) sont de la main de Michel-Ange.

L'escalier de la bibliothèque Laurentienne
Michel-Ange se prit de passion pour l'architecture en dessinant le projet architectural du *Tombeau de Jules II*. Il construisit la Nouvelle Sacristie de San Lorenzo, à Florence, et commença les travaux de la bibliothèque Laurentienne juste à côté. L'escalier (ci-dessus) fut exécuté plus tard, d'après ses plans : on y discerne bien la volonté d'utiliser la forme, libérée de toute contrainte structurelle, pour sa seule force expressive. L'achèvement de la nouvelle basilique Saint-Pierre – réalisée pour sa plus grande part de son vivant – reste sa commande la plus importante.

Les cornes de Moïse proviennent d'une interprétation erronée d'un épisode de la Bible qui dit que la lumière irradiait de son front.

Le tombeau de Jules II
En 1505, le pape Jules II fit venir Michel-Ange à Rome pour réaliser son tombeau qu'il voulait digne des plus beaux mausolées de l'Antiquité. Michel-Ange se rendit à Carrare pour sélectionner les marbres nécessaires aux quarante figures qu'il se proposait de sculpter plus grandes que nature. Mais l'intérêt du pape pour son propre tombeau s'émoussa bientôt, pour se fixer sur la reconstruction de la basilique Saint-Pierre. Jules II mourut en 1513, et le monument au triste destin ne fut terminé qu'en 1545.

En sculptant, Michel Ange avait ainsi le sentiment de libérer le personnage de la pierre.

Le Captif aux jambes croisées
Michel-Ange, marbre, 277 cm, 1527-1528
Cette figure inachevée d'esclave montre que Michel-Ange attaquait le marbre de face, et non pas circulairement.

Le Plafond de la Sixtine — Au bout de quatre ans et demi

Le plafond de la chapelle Sixtine, au Vatican, est considéré comme l'œuvre majeure de Michel-Ange. Il lui fut commandé en 1508 par le pape Jules II, désireux de se faire pardonner l'abandon du projet de son tombeau. La plupart des figures initialement destinées au tombeau prirent place dans la voûte du plafond. Le pape souhaitait que Michel-Ange représentât les douze apôtres et qu'il recouvrît le ciel d'origine, bleu et parsemé d'étoiles, d'un motif ornemental. Michel-Ange déclara que c'était un dessin sans envergure et qu'il avait imaginé un projet plus audacieux et savant. Des prophètes de l'Ancien Testament et d'antiques Sibylles soutiennent désormais la voûte principale, sur laquelle figurent l'épopée de Noé et celle de la Création.

Le torse du Belvédère
La pose en torsion de ce buste (v. 50 av. J.-C.) inspira celle des *ignudi*, nus idéalisés, placés par Michel-Ange aux angles des scènes principales.

Plan du plafond de la Sixtine

Mur nord : la vie du Christ
Mur sud : la vie de Moïse
Mur ouest ; l'autel ; Le Jugement dernier de Michel-Ange (1535-1541)

Partie du plafond reproduite à droite : de la Sibylle de Cumes au Serpent d'airain

Coins (Ancien Testament) : David et Goliath, Judith et Holopherne, Punition d'Aman, Le serpent d'airain.

Prophètes et sibylles : Le prophète Joël, Sibylle de Delphes, Sibylle d'Érythrée, Le prophète Isaïe, Osée, Ézéchias, Le prophète Ézéchiel, Sibylle de Cumes, Roboam, Aser, Sibylle de Perse, Le prophète Daniel, Salomon, Jessé, Le prophète Jérémie, Sibylle libyenne.

Ancêtres du Christ : Zacharie, Zorobabel, Josias, Jonas.

Panneaux centraux (histoire de Noé et de la Création) : Ivresse de Noé, Déluge, Sacrifice de Noé, La Tentation et l'expulsion du Paradis, Création d'Ève, Création d'Adam, Séparation de la terre et des eaux, Création des mondes, Dieu séparant la lumière des ténèbres.

Michel-Ange

Charte des couleurs :
- Panneaux centraux : l'histoire de Noé et de la Création (rose)
- Prophètes et sibylles (jaune)
- Ignudi (vert)
- Coins : Scènes de l'Ancien Testament (gris)
- Compartiments des voûtes : les ancêtres du Christ (bleu)
- Médaillons peints en faux bronze (ocre)

La Sibylle de Delphes
Michel-Ange, fresque, 350 × 380 cm, 1509
Les sibylles de l'Antiquité, les devineresses, étaient nommées d'après leur ville d'origine : ici, la jeune sibylle de Delphes est associée à l'oracle grec de Delphes. Des dessins qui sont parvenus jusqu'à nous attestent que ces figures furent exécutées d'après des modèles masculins. Cette reproduction du plafond avant son nettoyage, qui présente une couleur proche de celle de la pierre, peut induire le spectateur en erreur en le conduisant à penser que le peintre cherchait à imiter la sculpture de marbre.

Inspiration colorée
Michel-Ange est comme le précurseur de l'usage artificiel de la couleur, appelé « maniériste ». Il inspira l'un des premiers maîtres de ce style, Pontormo.

Les teintes pâles de la robe de la Vierge soulignent la spiritualité du personnage.

Détail de *L'Annonciation* de Pontormo destinée à la chapelle Capponi de l'église Santa Felicità, à Florence.

Signification du plafond
Le plan de ce plafond a été beaucoup discuté et on pense aujourd'hui que les scènes de l'Ancien Testament et la présence des prophètes et des sibylles sont liées, car ce sont eux qui auraient prédit la venue du Christ. C'est pour la même raison que les aïeux de Jésus sont présents. Ce plan fut conçu pour compléter d'anciennes peintures murales, réalisées par d'autres artistes, qui décrivaient la vie de Moïse et du Christ.

Les vraies couleurs de Michel-Ange
Voici la sibylle de Delphes après son nettoyage. La vivacité et l'originalité des couleurs apparaissent dans toute leur fraîcheur. Les drapés, traités en tons extrêmement contrastés, rendent la moire de soie. Cette technique du *cangiante* (changeant, en français) était réservée jusque-là à la peinture des habits et aux ailes des anges. Michel-Ange l'utilisa pour l'ensemble de son plafond, insufflant à ses figures une élégance et une vitalité inédites. Il prévoyait même de rehausser certaines surfaces avec de l'outremer et de l'or, mais le pape était si impatient qu'il dut y renoncer.

D'EFFORTS, EN 1512, MICHEL-ANGE DÉVOILA ENFIN SON CHEF-D'ŒUVRE 57

La diversité de l'humanité
Prophètes et sibylles sont assis sur des trônes puissamment architecturés disposés de part et d'autre du plafond. Entre eux, de petits Amours (*putti*, en italien) soutiennent les imposants socles de marbre des vingt célèbres *ignudi*. L'ensemble de ces personnages expressifs, de tous âges et de tous types, compose un saisissant échantillonnage d'humanité, preuve de l'extraordinaire force évocatrice de Michel-Ange.

La Création
Dans la célèbre *Création d'Adam*, la puissance de Dieu est renforcée par son aspect athlétique et son regard paternel et sévère. Le sentiment d'autorité qui se dégage de son geste évoque l'hymne entonné le jour de l'élection des papes : « Toi [...] le doigt du droit paternel [...] laisse ta lumière enflammer nos sens, verse ton amour dans nos cœurs [...] ».

Points de vue originaux
La scène de la séparation de la lumière et des ténèbres montre Dieu dans un raccourci saisissant ; on ne voit que son menton barbu et son nez. Un tel point de vue pourrait sembler audacieux si la peinture n'était pas considérée à partir de l'autel qu'elle surplombe. Au moment de célébrer la messe, le prêtre dirige les regards des fidèles vers le ciel, qui laisse apparaître le visage de Dieu.

LE PLAFOND DE LA SIXTINE (DÉTAIL)
Michel-Ange, fresque, 13 x 36 m, 1508-1512
Michel-Ange exécuta plus de deux cents dessins préparatoires reportés ensuite sur des cartons, puis exécutés à l'échelle et appliqués contre le plâtre encore humide dont on couvrait chaque jour une partie du plafond. Leurs contours étaient tracés à l'aide d'une pointe dont les marques sont encore visibles. Michel-Ange réalisa seul la totalité de cette fresque. Il travaillait debout, dans une position très inconfortable, et n'admettait aucune présence dans la chapelle lorsqu'il peignait. Son travail souffrit pourtant de nombreuses interruptions : il dut parer aux moisissures provoquées par des réactions chimiques entre les pigments et le plâtre, puis résoudre des problèmes d'argent.

L'Europe du Nord et l'Italie   Deux mentalités se rejoignent,

Au début du XVIe siècle, les artistes du nord de l'Europe, à l'instar de Dürer (p. 40-41), s'intéressèrent aux idées de la Renaissance italienne. Du côté d'Augsbourg, riche centre commercial allemand, des peintres comme Holbein le Jeune (p. 43) allèrent puiser leur inspiration dans l'Italie du Nord. Tandis qu'à Anvers, important carrefour portuaire, apparut un style éclectique – mêlant éléments flamands et italiens – qui allait dominer l'art de l'Europe du Nord pendant tout le XVIe siècle. Parmi les « italianisants », Jan Gossaert (vers 1478-1532) et Jan van Scorel (1495-1562) prirent pour modèles les antiques et ceux qui s'en inspiraient : Léonard de Vinci, Raphaël et Michel-Ange. Gossaert fut le premier artiste du nord de l'Europe à recevoir l'aide d'un mécène pour se rendre à Rome. Quant à Van Scorel, il succéda à Raphaël comme conservateur du Belvédère à Rome.

La collection du Belvédère à Rome
La Rome antique apparaît comme une époque idyllique. Gossaert partageait cette passion avec son mécène, Philippe de Bourgogne, qui l'invita à l'accompagner lors de son voyage diplomatique auprès du Vatican, vers 1508. C'est de cette époque que date le relevé précis des sculptures classiques de la collection du Belvédère, établi par Gossaert. Cette collection, commencée par le pape Jules II en 1503 avec les œuvres exhumées à l'occasion des fouilles, fut installée dans la cour du Belvédère (gravure ci-dessus).

À l'instar des artistes italiens, Gossaert et Van Scorel se passionnèrent pour la sculpture antique.

Neptune et Amphitrite
Jan Gossaert, huile sur panneau, 188 x 123,8 cm, 1516
En 1515, Gossaert commença une série de peintures à sujets mythologiques destinée au château de Philippe de Bourgogne. Son *Neptune et Amphitrite* est la première œuvre de la peinture flamande représentant des nus inspirés de l'Antiquité. Les poses, reprises de la célèbre gravure du Vénitien Jacopo de Barbari (v. 1450-v.1516), *Mars et Vénus* (ci-dessous), ont gagné en plénitude et en sensualité.

Mars et Vénus
Jacopo de Barbari joua un rôle décisif dans l'histoire des échanges entre les styles du Nord et du Sud. Il devint célèbre dans les contrées septentrionales en étant attaché à la cour de l'empereur Maximilien d'Allemagne et à celle de Frédéric le Sage de Saxe. Il travailla aussi pour Marguerite d'Autriche et Philippe de Bourgogne aux Pays-Bas. Ses estampes répandirent l'esthétique du nu italien dans les contrées du Nord.

DONT ON RETROUVERA POURTANT TOUJOURS LES TRAITS DISTINCTIFS

Vieille femme
D'après Quentin Massys, huile sur panneau, 64,1 x 45,4 cm, 1510-1520
Ce portrait, inspiré de caricatures de Léonard de Vinci, fut repris pour illustrer *Alice au pays des merveilles*, de Lewis Carroll, ce qui le rendit très célèbre au XIXe siècle.

L'Anversois Quentin Massys (1466-1530) fut qualifié de « pie voleuse » tant il avait emprunté à tous les styles.

Bonifacius Amerbach
Hans Holbein le Jeune tempera sur panneau, 28,5 x 27,5 cm, 1519
Ce portrait si simple et naturel porte l'empreinte vénitienne dans le contraste accentué entre les zones d'ombre et de lumière.

Les portraits vénitiens doivent eux-mêmes beaucoup à l'art des écoles du Nord.

La Présentation de Jésus au Temple
Jan van Scorel, huile sur panneau, 114 x 85 cm, vers 1530-1535
Van Scorel doit son surnom de « Raphaël du Nord » au raffinement avec lequel il sut mêler les styles italien et nordique. Il visita Venise vers 1519, puis s'installa à Rome à partir de 1522 pour réaliser une commande importante que son compatriote, le pape hollandais Adrien IV, lui avait passée pour le Vatican. Cette peinture illustre bien sa solide connaissance de l'art et de l'architecture de Rome. Toutefois, le naturel avec lequel les personnages sont disposés et l'impression d'espace qui se dégage de la masse architecturale restent des traits typiques de l'art du Nord.

Couple de vieillards
Jan Gossaert, huile sur vélin, 45,7 x 67,3 cm; vers 1520-1525
Les doubles portraits de ce type, où les différences entre les personnages sont subtilement mises en valeur (ici, les regards), devinrent, dès le milieu du XVe siècle, aussi populaires en Italie qu'en Allemagne ou aux Pays-Bas.

La tradition du portrait dans les Flandres mêle l'observation attentive jusqu'à la caricature à une certaine monumentalité.

LE MANIÉRISME LES PARTIS PRIS DE MICHEL-ANGE DEVIENNENT

On applique généralement le terme « maniérisme » (de l'italien *maniera*, qui signifie style) à l'art de la période approximativement comprise entre 1520 et 1580. Les œuvres maniéristes sont raffinées, sophistiquées, et d'une technique absolument parfaite ; elles se veulent délibérément élégantes, cultivant le beau avec recherche et se complaisant dans une iconographie singulière et pleine d'imagination. Toutefois, le sens de cette appellation a évolué. D'abord symbole d'une rupture brutale avec les objectifs de la Renaissance, elle désignait une décadence et une dégénérescence en contradiction avec les idéaux d'harmonie des générations précédentes. De nos jours, le maniérisme apparaît davantage comme une continuation et une poursuite des recherches mises en œuvre à l'apogée de la Renaissance. En effet, ce mouvement sut à la fois tirer parti de la suavité et de la grâce des grandes compositions théâtrales de Raphaël, du talent de Michel-Ange dans son interprétation pleine de force et d'élégance du nu masculin, et enfin des modèles de l'Antiquité.

Autoportrait dans un miroir convexe
Parmesan, huile sur panneau, diam. : 24,3 cm, 1524
Cet autoportrait de l'Italien Parmesan est une démonstration d'ingéniosité : il reproduit avec fidélité les étranges distorsions que produit le miroir.

La Bataille de Cascina
Aristotile da Sangallo, grisaille sur panneau, 76,2 × 132 cm, 1542
Michel-Ange fut l'artiste le plus admiré par les maniéristes. Ici, il s'agit d'une copie du fameux carton (perdu) de *La Bataille de Cascina*. L'œuvre devait rivaliser avec *La Bataille d'Anghiari* que Léonard de Vinci avait peinte dans la chambre du Grand Conseil à Florence. Le tableau met en scène des soldats surpris au bain par l'appel à la bataille, sujet idéal pour montrer une habileté à peindre le nu. C'est une anthologie des poses les plus complexes.

Ce détail illustre une pose compliquée choisie par Michel-Ange.

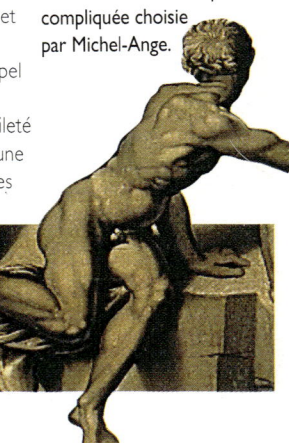

Cupidon se plaignant à Vénus
Lucas Cranach l'Ancien, huile sur panneau, 81,3 × 54,6 cm, 1530
Dans l'Europe du Nord, Cranach développa un style au raffinement proche de celui des maniéristes italiens. Comme eux, il privilégiait les goûts de l'aristocratie : en 1505, il devint peintre de la cour de Frédéric le Sage, à la suite de Jacopo de Barbari, et travailla dans un monde d'élégance et de plaisirs sophistiqués. Sa peinture de *Cupidon se plaignant à Vénus* est pleine d'une grâce maniérée et d'une sensualité féline. Sa Vénus ne rappelle pourtant pas les nus italiens idéalisés ; elle suit les canons de la mode, avec son chapeau et ses bijoux.

AFFECTATION DES FORMES ET DES COULEURS

ALLÉGORIE AVEC VÉNUS ET CUPIDON

Agnolo Bronzino, huile sur panneau,
146,1 x 116,2 cm, 1540-1545

Cette image raffinée du maître maniériste Agnolo Bronzino (1503-1572) prétendait symboliser la passion érotique. Son style doit beaucoup au *Tondo Doni*, de Michel-Ange (p. 55), mais l'émotion qui émanait de la Sainte Famille fait place ici à la froideur et à une certaine lasciveté. Vénus et Cupidon, son incestueux amant, sont inconscients des conséquences de leur amour. Leurs corps idéalisés sont étirés et souples.

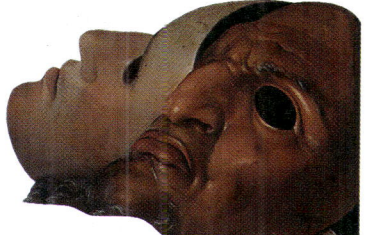

Masques
Les masques aux yeux vides symbolisent la fourberie et donnent à la scène son atmosphère artificielle.

Étranges créations
Ce masque fantastique de Vénus fut créé par Giovar Battista Rosso (1494-1540), pour un bal donné par le roi François Ier à Fontainebleau ; il montre le goût de l'insolite, qui caractérise le mouvement maniériste.

Ghiberti construit son récit sur la perspective, et Pontormo sur sa propre audace.

Tout est conçu chez Pontormo pour permettre à l'imagination d'exercer son inventivité et son sens du fantastique sur des motifs originaux et audacieux.

Joseph en Égypte
Cette scène met en lumière la différence entre les idéaux du début de la Renaissance, comme ceux de Ghiberti (p. 14), et ceux d'un maniériste comme Jacopo Pontormo (1494-1556).

Joseph en Égypte
Jacopo Pontormo,
huile sur panneau,
96,5 x 109, 5 cm, vers 1519
Chez Pontormo, l'escalier théâtral ne mène nulle part, et les figures, disposées en groupes épars, ne permettent pas de reconstituer les éléments de l'histoire. Le but de l'œuvre d'art est devenu purement décoratif.

LA RENAISSANCE — Chronologie

CHRONOLOGIE

1266 Naissance de Giotto
1302 Le pape proclame par une bulle son autorité sur les chefs temporels des États.
1302-1310 Giovanni Pisano travaille à la chaire de la cathédrale de Pise.
1304 Naissance de Pétrarque
vers 1305 Giotto peint la chapelle de l'Arena, dite aussi Scrovegni.
1306 Dante commence sa *Divine Comédie*.
1309 La papauté quitte Rome pour Avignon du fait de l'instabilité en Italie.
1311 La *Maestà* de Duccio est apportée en procession à la cathédrale de Sienne.
1317 Les Vénitiens font le plus long voyage en mer.
1318 ou 1319 Mort de Duccio
1321 Mort de Dante
1337 Mort de Giotto
Début de la guerre de Cent Ans entre la France et l'Angleterre
1338 Ambrogio Lorenzetti peint les fresques du *Bon gouvernement* au Palazzo Pubblico de Sienne.
1340 Simone Martini travaille à la cour papale à Avignon.
1344 Mort de Simone Martini
1348 L'Europe dévastée par la Grande Peste ; Ambrogio Lorenzetti en meurt probablement.
1353 Publication du *Decameron* de Boccace
1364 Charles V le Sage devient roi de France.
vers 1370 Naissance de Gentile da Fabriano
1374 Mort de Pétrarque
1375 Mort de Boccace
1377 Naissance de Brunelleschi
1378 Naissance de Ghiberti
L'Église d'Occident se divise, deux papes sont élus en même temps.
1380 Charles VI le Bien Aimé devient roi de France.
1386 Naissance de Donatello
1397 Naissance d'Uccello
vers 1400 Naissance de Rogier Van der Weyden
1400 Naissance de Luca della Robbia
Apogée du Gothique international
1401 Naissance de Masaccio
1405-1406 Mort de Claus Sluter
vers 1406 Naissance de Fra Filippo Lippi
vers 1416 Naissance de Piero della Francesca
1416 Les Frères Limbourg illustrent *Les Très Riches Heures du Duc de Berry*.
1419 Philippe III le Bon devient duc de Bourgogne.
1420 Brunelleschi commence à travailler au dôme de la cathédrale de Florence.
1422 Charles VII devient roi de France.
1424 Masaccio et Masolino commencent les fresques de la chapelle Brancacci.
1427 Mort de Gentile da Fabriano
1428 Mort de Masaccio
vers 1430 Naissance de Giovanni Bellini
1431 Naissance de Mantegna
vers 1432 Naissance d'Antonio del Pollaiolo
1434 La famille Médicis devient la plus importante de Florence.
Van Eyck peint le *Portrait des époux Arnolfini*.
1435 Naissance de Verrocchio
Alberti termine son traité *De la peinture*.
vers 1440 Mort de Masolino
Gutenberg invente l'imprimerie.
1441 Mort de Van Eyck
1444 Naissance de Bramante
1445 Donatello commence son *Gattamelata*.
Naissance de Botticelli
1446 Mort de Brunelleschi
Élection du pape Nicolas V
1449 Naissance de Ghirlandaio
vers 1450 Van der Weyden se rend sans doute en Italie.
1452 Naissance de Léonard de Vinci
Ghiberti achève les portes du Baptistère de Florence.
1453 Fin de la guerre de Cent Ans
Les Turcs s'emparent de Constantinople, c'est la fin de l'Empire byzantin.
1455 Mort de Ghiberti
Mort de Fra Angelico
1457 Mort d'Andrea del Castagno
1460 Naissance de Grünewald
1461 Louis XI devient roi de France.
1464 Mort de Van der Weyden
vers 1466 Naissance de Quentin Massys
1466 Mort de Donatello
1467 Charles le Téméraire devient duc de Bourgogne.
1469 Naissance de Machiavel
Laurent Ier de Médicis, dit le Magnifique, dirige Florence.
Mort de Fra Filippo Lippi
1471 Naissance de Dürer
Élection du pape Sixte IV
1472 Naissance de Cranach l'Ancien
1475 Naissance de Michel-Ange
Mort d'Uccello
Mort de Dieric Bouts
vers 1477 Naissance de Giorgione
vers 1478 Naissance de Gossaert
Julien de Médicis est assassiné durant la conspiration des Pazzi.
vers 1480 Naissance d'Altdorfer
Piero della Francesca rédige ses traités de mathématiques.
vers 1481 Pacher achève le retable de Sankt Wolfgang.
1482 Mort de Hugo Van der Goes
Mort de Luca della Robbia
Sixte IV fait venir des artistes à Rome pour décorer la chapelle Sixtine (dont Botticelli, Perugin et Ghirlandaio).
1483 Arrivée à Florence du *Retable Portinari* de Van der Goes
Naissance de Martin Luther
Naissance de Raphaël
Charles VIII devient roi de France.
Publication de *De Re Architectura* d'Alberti
1484 Élection du pape Innocent VIII
1488 ou 1489 Naissance de Titien
1488 Mort de Verrocchio
1489 Venise acquiert Chypre.
1492 Mort de Piero della Francesca
Christophe Colomb découvre l'Amérique.
Mort de Laurent de Médicis
1493 Maximilien Ier devient empereur germanique.
1494 Guerres politiques en Italie
Les Médicis sont exilés de Florence.
Mort de Ghirlandaio
Naissance de Pontormo
Premier voyage de Dürer en Italie
1495 Mort de Cosimo Tura
Naissance de Jan Van Scorel
1497-1498 Naissance de Hans Holbein le Jeune
1498 Mort d'Antonio del Pollaiolo
Louis XII devient roi de France.
vers 1500-1505 Bosch peint *Le triptyque de saint-Antoine*.
1501 Exposition à Florence des fameux cartons (aujourd'hui perdus) de Léonard de Vinci
Michel-Ange commence son *David*.
1502 Léonard de Vinci est nommé architecte et ingénieur militaire de César Borgia.
Bramante achève la construction du *Tempietto*.
1503 Élection du pape Jules II
Naissance de Bronzino
Naissance du Parmesan
1505 Deuxième voyage de Dürer en Italie (il y retournera en 1507).
Giorgione peint un paysage : *La Tempête*.
1506 Découverte du *Laocoon*
Mort de Mantegna
Pose de la première pierre de la nouvelle basilique Saint-Pierre.
1508 Michel-Ange commence à travailler au plafond de la chapelle Sixtine.
1509 Raphaël commence à travailler aux *Chambres du Vatican*.
1510 Mort de Giorgione
Mort de Botticelli
1511 Naissance de Vasari
1512 Présentation du plafond de la chapelle Sixtine
Chute de la République de Florence
1513 Mort du pape Jules II
Élection du pape Léon X (Jean de Médicis)
Les Médicis regagnent Florence.
1514 Mort de Bramante
1515 Grünewald achève son *Retable d'Issenheim*.
Fin de la construction du Palais des Doges à Venise
François Ier devient roi de France.
1516 Mort de Bosch
Mort de Giovanni Bellini
1517 Début de la Réforme en Allemagne
1518 Naissance du Tintoret
1519 Mort de Léonard de Vinci
Charles V (Charles Quint), roi d'Espagne, devient empereur germanique.
1520 Mort de Raphaël
1521 Diète de Worms : condamnation de Luther par l'Église
1523 Mort du Pérugin
1524 Mort de Joachim Patinier
1527 Sac de Rome par les troupes françaises
Mort de Machiavel
1528 Publication du *Livre du courtisan* de Castiglione
Naissance de Véronèse
Mort de Grünewald
Publication du traité de Dürer *De la proportion humaine* et mort de Dürer
1529 Sansovino devient architecte de la République de Venise.
1530 Le Corrège achève de peindre le dôme de la cathédrale de Parme.
Mort de Quentin Massys
1532 Mort de Gossaert
1533 Holbein le Jeune peint *Les Ambassadeurs*.
1534 Publication de la Bible de Luther
1538 Publication de la *Danse de la Mort* d'Holbein le Jeune
Mort d'Altdorfer
1540 Mort du Parmesan
1543 Mort d'Holbein le Jeune
1545 Début de la Contre-Réforme
1546 Mort de Martin Luther
1550 Publication de la première édition des *Vies des plus excellents peintres, sculpteurs et architectes* de Vasari
1553 Mort de Cranach l'Ancien
1556 Mort de Pontormo
1562 Mort de Van Scorel
1564 Mort de Michel-Ange
1572 Mort de Bronzino
1574 Mort de Vasari
1576 Mort du Titien
1588 Mort de Véronèse
1594 Mort du Tintoret

Vue de Florence au XVe siècle

Glossaire

Annonciation L'archange Gabriel annonce à la Vierge « qu'elle va concevoir et mettre au monde un fils » et qu'elle lui donnera le nom de Jésus (Évangile de saint Luc : I, 26-38).

Art byzantin Art de la période qui s'étend de l'établissement de l'Empire romain d'Orient (476 apr. J.-C.), sous le règne de l'empereur chrétien Constantin, jusqu'à la chute de sa capitale Constantinople (l'ancienne cité grecque de Byzance), en 1453.

Assomption Pour les catholiques, ascension du corps de la Vierge aux cieux après sa mort.

Carton Ce terme décrit l'esquisse préparatoire à l'échelle que dessine un artiste en vue du report sur un support définitif ; réalisé souvent sur un papier épais, le terme vient de l'italien « cartone ».

Peinture à fresque

Classique Qualificatif appliqué à l'art des époques grecques et romaines, ou aux caractéristiques stylistiques qui les rappellent.

Fresque Ce mot, qui vient de l'italien « fresco » (frais), désigne une méthode de peinture murale qui consiste à appliquer les pigments de couleurs dilués dans l'eau sur une couche de plâtre encore humide. Quand celui-ci est sec, la couleur reste imprégnée dans la surface solide.

Gesso Enduit à base de craie et de colle animale qu'on applique sur le support avant de peindre.

Gothique Terme par lequel on décrit le style de l'art et de l'architecture du nord de l'Europe du XIIe au XVIe siècle. Il fut inventé par les Italiens de la Renaissance pour décrire l'aspect « barbare » de l'architecture allemande (gothique vient de Goths, tribus qui contribuèrent à détruire l'Empire romain).

Guilde Association indépendante de banquiers, d'artisans ou de marchands, chargée de faire respecter les règles des professions qu'elle représente, et de recruter ses membres.

Maestà (Majesté) Retable ou peinture religieuse représentant la Vierge assise sur un trône et entourée d'anges et de saints.

Messe Cérémonie au cours de laquelle se célèbre l'Eucharistie, principal sacrement pour les chrétiens. Pour ces derniers, le vin et le pain, qui sont consacrés, se transforment réellement en sang et corps du Christ, perpétuant ainsi le sens de son sacrifice sur la Croix.

Passion Les souffrances et le supplice du Christ de son arrestation à sa mort constituent ce que l'on appelle la Passion. En art, on représente surtout les scènes de la Flagellation, du Couronnement d'épines, du Portement de Croix, de la Crucifixion et de la Mort.

Peinture à l'huile On désigne ainsi la technique dans laquelle de l'huile de lin ou de noix est utilisée pour lier les pigments de couleurs. L'huile sèche lentement et forme une sorte de peau transparente qui renferme la couleur.

Prédelle Longue peinture horizontale qui forme la partie inférieure d'un tableau d'autel ; elle peut être formée de plusieurs panneaux représentant différents sujets.

Raccourci Méthode par laquelle le peintre réduit la taille des éléments représentés pour accentuer la perspective.

Retable Peinture religieuse qui se trouve au-dessus de l'autel dans une église.

Tempera à l'œuf Technique qui consiste à mélanger des pigments de couleur à du blanc d'œuf (en lieu et place d'un autre médium comme l'huile). Lorsque les protéines contenues dans l'œuf se solidifient, la couleur se fixe en une couche solide et acquiert un lustre velouté.

Table des œuvres présentées

Dans cette liste, le lieu de conservation et le crédit photographique de chaque œuvre reproduite dans cet ouvrage sont indiqués.

Tous les efforts ont été entrepris pour retrouver les propriétaires des copyrights. Nous nous excusons pour tout oubli involontaire. Nous effectuerons toute modification éventuelle dans nos prochaines éditions.

h : haut ; b : bas ; c : centre ; g : gauche ; d : droite

Abréviations
CA : Chapelle de l'Arena ou Scrovegni, Padoue ; BAL : Bridgeman Art Library ; BL : By Permission of the British Library, Londres ; BM : The Trustees of the British Museum, Londres ; CC : Chiesa del Carmine, Florence ; KM : Kunsthistorisches Museum, Vienne ; MD : Museo dell'Opera del Duomo, Florence ; ML : Musée du Louvre, Paris ; NG : Reproduced by Courtesy of the Trustees of the National Gallery, Londres ; NGW : © 1994 National Gallery of Art, Washington ; SC : Scala ; UF : Musée des Offices, Florence ; WI : Warburg Institute, Université de Londres

Page 1 : *Le Tondo Doni* (p. 55) ; page 2 : hg : Médaille de Caradosso représentant la nouvelle basilique Saint-Pierre (p. 51) ; hd : Fragment d'une carte du monde (p. 45) ; hcg : Maquette de machine volante de Léonard de Vinci (p. 38-39) ; cg : *Diptyque Wilton* (p. 16) ; cd : *Déposition* (p. 24) ; bg : *Laocoon* (p. 50) ; bcg : Détail des *Portes du Baptistère de Florence* (tête de Ghiberti) (p. 14) ; bd : *L'homme de Vitruve* (p. 30) ; page 3 : hg : *Saint Jérôme dans un paysage montagneux* (p. 35) ; c : *L'Assomption et le couronnement de la Vierge* (p. 46) ; hd : *Joseph en Égypte* (p. 14 et 61) ; bg : *Adam et Ève chassés du Paradis* (p. 19) ; bd : *Moïse* (p. 55) ; page 4 : hg : *Portrait de Baldassare Castiglione* (p. 48) ; cg : *Le jeune David* (p. 23) ; bg : *Triptyque Portinari* (p. 21) ; hd : Bois gravé, *Saint Jérôme dans son cabinet de travail* (p. 41) bd : *Reliquaire de San Domenico*, Bologne (p. 24) ; page 5 : bd : *Saint Antoine devant la ville* (p. 43)

Pages 6-7 Qu'est-ce que la Renaissance ?
p. 6 : c : La tasse Farnese, *La fertilité en Égypte*, gréco-égyptien, Museo Nazionale, Naples/ SC ; bg : *Naissance de Vénus*, Botticelli, UF/SC ; p.7 : hd : *Autoportrait*, Dürer, Alte Pinakothek, Munich/SC ; cd : *Le Christ, maître de l'univers, la Vierge à l'Enfant et des Saints*, artistes byzantins, abside de la cathédrale de Monreale, SC ; b : *Pietà*, Michel-Ange, Basilique Saint-Pierre, Rome/SC

Pages 8-9 L'apport de Giotto
p. 8 : hg : Chapelle de l'Arena ou Scrovegni, SC ; hd : *L'Annonciation*, vitrail de côté, Cathédrale de Cologne, Dombauverwaltung, Cologne ; cd : *La Légende dorée*, Jacques de Voragine ; bd : *La Rencontre à la Porte Dorée*, Giotto, AC/SC ; p. 9 : hg (détail) : *La Rencontre à la Porte Dorée*, Giotto, AC/SC ; hd (détail), bg : *Le Baiser de Judas*, Giotto, AC/SC ; cg : *Navicella*, Beatrizet, © WI ; cd : *La Trahison*, Giotto, AC/SC

Pages 10-11 Peindre à Sienne
p. 10 : hd : Cathédrale de Sienne, SC ; g : Reconstitution de la *Maestà* de Duccio (face), d'après John White ; cd : *L'Annonciation*, Duccio, NG ; p.10-11 : b : *Allégorie du Bon Gouvernement : les effets du bon gouvernement à la ville et à la campagne*, Ambrogio Lorenzetti, Palazzo Pubblico, Sienne/SC ; p.11 : hd, hg (détail) : *L'Annonciation*, Martini et Lippo Memmi, UF/SC ; cg : Réalisation d'une décoration au poinçon, NG ; cd : Jeu de poinçons modernes

Pages 12-13 La Renaissance à Florence
p. 12 : hd : *Vue de Florence*, 1887 (copie d'un bois gravé de 1470, *Vue de la Catena*), Francesco et Raffaello Petrini, Museo di Firenze com'era, Florence ; cd : Buste de Brunelleschi, Andrea di Cazzara Cavallanti, MD ; c : Poulies utilisées pour la construction de la cathédrale de Florence, MD ; bg : Dôme, Cathédrale de Florence, SC ; bd : Bas-côté droit, Santo Spirito, Florence ; p. 13 : hd, cg (détails), hg : Chapelle Tornabuoni, Santa Maria Novella, Florence ; cd : Armoiries ; bg : *Dante debout devant Florence*, Domenico di Michelino, MD, Florence ; bd : Buste de Machiavel, Palazzo Vecchio, Florence

Pages 14-15 Sculpture de la première Renaissance
p. 14 : hd : *Le Puits de Moïse*, Sluter, Photo © Jean Luc Duthu, Inventaire général - SPADEM © DACS 1994 ; c (détail), cg : *Portes du Baptistère* (1425-1452), Ghiberti ; cd : *Joseph en Égypte*, *Portes du Baptistère* (1425-1452), Ghiberti, MD ; b : Bas-relief, Nanno di Banco ; p. 15 : g : *Saint Georges*, Donatello, Bargello, Florence/ SC ; bg : *Saint Georges et le dragon*, Donatello, bas-relief sous Saint Georges ; cd (détail), hd : Tribune, Luca della Robbia, MD/SC ; bd : Outils de sculpteur

Pages 16-17 Le style courtois
p. 16 : hd (détail) : *La chasse à l'ours et au sanglier*, Tapisserie des chasses du Devonshire, Courtesy of the board of trustees of the Victoria and Albert Museum, Londres ; cg : *Diptyque Wilton*, NG bg : *Diptyque Wilton* (revers), NG ; bd : *Avril*, extrait des *Très Riches Heures du duc de Berry*, Pol de Limbourg, Musée Condé, Chantilly/Giraudon ; p. 17 : hd (détail), b (panneau de prédelle), c : *L'Adoration des Mages*, Gentile da Fabriano, UF/SC

Pages 18-19 La chapelle Brancacci
p. 18 : hd : Frontispice de *l'Histoire Naturelle* de Pline, Biblioteca Medicea Laurenziana, Florence ; c : *La Résurrection de Tabitha* Masolino, CC/SC ; p. 18-19 : b : *Le Tribut* Masaccio, CC/SC ; p. 19 : hg : *Le Jugement dernier*, Giovanni Pisano, chaire, Cathédrale de Pise ; c : *La Tempérance*, Giovanni Pisano, Cathédrale de Pise, SC ; cg (détail), d : *Adam et Ève chassés du Paradis*, Masaccio, CC/SC ; bc : *La Tentation*, Masolino, CC/SC

Pages 20-21 Le naturalisme flamand
p. 20 : bg, cd, bd (détails), g : *Les Époux Arnolfini – titre complet, Portrait de Giovanni (?) Arnolfini et de sa femme Giovanna Cenami (?)* –, Jan Van Eyck ; hd : *L'Homme au turban* Jan Van Eyck ; bc (détail) : *La Madeleine lisant*, Rogier Van der Weyden, NG ; p. 21 : hg, hc, (détails), hd : *La Madeleine lisant*, Rogier Van der Weyden, NG ; bg, bd (détails), c : *Triptyque Portinari*, Hugo Van der Goes, UF/SC

Pages 22-23 Le métier de l'artiste
p. 22 : hd : Page du Libro dell'Arte de Cennino Cennini, Biblioteca Medicea Laurenziana/ Photo Donato Pineider ; g : *Saint Luc peignant la Vierge et l'Enfant*, Atelier de Quentin Massys, NG ; c : Contrat de commande pour *Le Couronnement de la Vierge*, d'Enguerrand Quarton, © Photo Daspet, Villeneuve-lès-Avignon ; cd : *L'art de l'apothicaire*, d'après le manuscrit latin *Apuleius Dioscorides*, Eton College Library/BAL ; bc (détail) : Revers de *Saint Paul*, Bernardo Daddi, NGW, Andrew W. Mellon Collection ; p. 23 : h : *L'Annonciation*, Fra Filippo Lippi, NG ; cg : *La Naissance de saint Jean-Baptiste*, Giovanni di Paolo, NG ; bg : Le *cassone Nerli*, Zanobi di Domenico, Jacopo del Sellaio, Biagio d'Antonio, Courtauld Galleries, Londres (Lee Bequest) ; bd : *Le jeune David*, Andrea del Castagno, NGW, Widener Collection

Pages 24-25 Images de dévotion
p. 24 : hg *Reliquaire de San Domenico*, Bologne, SC ; c : *Prediche Vulgare*, bois gravé, Fra Roberto Caracciolo, WI ; bd (détails), cd : *Déposition*, Fra Angelico, Museo di San Marco, Florence/SC ; bc, (détail), bg : *La Vierge et l'Enfant avec saint François et saint Sébastien*, Carlo Crivelli, NG ; p. 25 : hd (détail), c : *Déposition*, Rogier Van der Weyden, Museo del Prado, Madrid ; bg : *Retable de Sankt-Wolfgang* Michael Pacher, Sankt Wolfganger Kunstverlag, Sankt Wolfgang, Autriche

Pages 26-27 Inspiration classique
p. 26 : hd : *Le Christ devant Pilate*, Jacopo Bellini, ML, Département des Arts Graphiques/RMN ; cg : *Il Gattamelata*, Donatello, SC ; c : *Arc de Titus*, SC ; cd : *Histoire des Guerres Puniques* des Gonzague, Leonardo Bruni, BL ; p. 26-27 : b : *L'Introduction du culte de Cybèle à Rome (ou Le Triomphe de Scipion)*, Andrea Mantegna, NG ; p. 27 : hg : *La Mort d'Orphée*, Albrecht Dürer, Hamburger Kunsthalle ; c : *Amour et dauphin*, Andrea del Verrocchio, Palazzo Vecchio, Florence/SC ; hd : *Hercule et Antée*, Antonio del Pollaiolo, Bargello, Florence/SC

Pages 28-29 L'« invention » de la perspective
p. 28 : hg : Médaille d'Alberti de Matteo de Pasti, BM ; hd : *Étienne Chevalier avec saint Étienne*, panneau de gauche du *diptyque de Melun*, Jean Fouquet, Bildarchiv Preussischer Kulturbesitz/ Staatliche Museen zu Berlin, Gemäldegalerie/Photo : Jörg P. Anders ; cg : *La grille du dessinateur*, bois gravé tiré du *Traité de la Mesure*, Albrecht Dürer, 1538 édition révisée ; bg, b : *La Chasse*, Paolo Uccello, Ashmolean Museum, Oxford ; p. 29 : hg, bg : *Adoration des Mages*, Bramantino, NG ; bc : Dessin perspectif tracé à l'ordinateur de l'*Adoration des Mages*, NG

Pages 30-31 Harmonie et beauté
p. 30 : hd : Lettre extraite de *La juste manière de tracer des Lettres*, Albrecht Dürer, Dover Publications, Inc., New York ; cd : Palais Rucellai, Florence, Leon Battista Alberti, Visual Arts Library, London ; bg : *L'homme de Vitruve*, Léonard de Vinci, Accademia, Venice/SC ; c : Page extraite de *La Proportion humaine* Albrecht Dürer ; bc : Page extraite de *De Prospettiva Pingendi*, Piero della Francesca, Biblioteca Palatina, Parme ; p. 31 : hg, cd : *Le Baptême du Christ*, Piero della Francesca, NG ; bg : Page de titre, *Theorica Musice*, Franchino Gafurio, Naples, 1480, WI ; bd : Diagramme de la Proposition d'Euclide 16, Livre 4

INDEX REMERCIEMENTS

Adrien IV, pape 59
Alberti, Leon Battista 28, 30, 32
Altdorfer, Albrecht 49
Angelico, Fra 24

Barbari, Jacopo de 58, 60
Bellini, Giovanni 34, 44, 45, 46
Bellini, Jacopo 26
Berry, Duc de 16
Boccace 8, 13
Bosch, Jérôme 42
Botticelli, Sandro 6, 7, 32, 33
Bouts, Dierick 34
Bramante, Donato 29, 50, 51
Bramantino 29
Brancacci, Felice 18
Bronzino, Agnolo 61
Brunelleschi, Filippo 12, 18, 28
Bruni, Leonardo 26
Byzantin, art 7, 8, 10

Calvo, Marco Fabio 50
Caradosso 51
Castagno, Andrea del 23
Castiglione, Baldassare 48
Catulle 47
Cennini, Cennino 22
Chigi, Agostino 50
Corrège 49
Cranach l'Ancien, Lucas 43, 60
Crivelli, Carlo 24

Dante 8, 13
Della Robbia, Luca 15
Dolce, Ludovico 46
Donatello 7, 12, 14, 15, 18, 26, 54
Doni, Angelo 55
Duccio di Buoninsegna 10
Dürer, Albrecht 7, 27, 28, 30, 40, 41, 43, 58

Erasme 6
Este, Leonello d' 33
Euclide 31

Fabriano, Gentile da 17
Florence 12, 13
Fouquet, Jean 28
François Ier, roi de France 47, 61
Frédéric le Sage 43, 58, 60
Fresques 8, 24

Ghiberti, Lorenzo 12, 14, 61
Ghirlandaio, Domenico 13, 54
Giorgione 35, 46
Giotto 7, 8, 9, 10, 18, 19, 54
Giovanni da Udine 51
Giovanni di Paolo 23
Gonzague, famille 26
Gossaert, Jan 58, 59
Gothique, art 6, 16
Gothique international 10, 16, 18
Grünewald, Matthias 42, 43
Guarino da Verona 33

Holbein, Hans le Jeune 43, 58, 59

Jules II, Pape 48, 50 à 53, 55 à 58

Koberg, Anton 40

Laocoon 2, 47, 50
Léon X, Pape 50, 52
Léonard de Vinci 7, 30, 35, 36, 37, 38, 39, 48, 49, 53, 55, 58, 59, 60
Limbourg, Frères 16
Lippi, Filippino 18
Lippi, Fra Filippo 23
Loredan, Leonardo 44
Lorenzetti, Ambrogio 10
Louis XII, roi de France 37
Luther, Martin 42, 43

Machiavel, Nicolas 13
Maniérisme 56, 60, 61
Mantegna, Andrea 26, 27, 34, 35, 49
Martini, Simone 10, 11
Masaccio 7, 8, 18, 19, 54
Masolino di Panicale 18, 19
Massys, Quentin 22, 59
Médicis, Laurent de 32, 33
Médicis, famille 12, 32, 55
Memmi, Lippo 11
Michel-Ange 7, 8, 14, 37, 46-58, 60, 61
Mythologie 26, 32, 33, 58

Naturalisme 6, 10, 18, 20, 21
Nicolas V, Pape 50

Ovide 32, 33, 47

Pacher, Michael 25
Pacioli, Luca 30
Palladio, Andrea 44
Parmesan 60
Patenier, Joachim 35
Paul III, Pape 51
Perspective 18, 28, 29, 52, 61
Pérugin 48
Peruzzi, Baldassare 50
Pétrarque 6,13
Philippe de Bourgogne 58
Piero della Francesca 30, 31
Pirckheimer, Willibald 27, 40
Pisano, Giovanni 10, 19
Pisano, Nicola 19
Platon 7, 53
Pline 18, 50
Politien, Ange 33, 50
Pollaiolo, Antonio del 27
Pontormo, Jacopo 56, 61
Portinari, Tommaso 21
Pythagore 31

Quarton, Enguerrand 22

Raimondi, Marcantonio 53
Raphaël 7, 37, 47, 48, 49, 50, 52, 53, 58, 60
Réforme 42, 43
Richard II d'Angleterre 16
Rome 50, 51, 52, 53
Romain, art 26, 30, 32, 49, 51, 58

Sangallo, Giuliano da 50
Sansovino, Jacopo 44
Scrovegni, chapelle 8
Scrovegni, Enrico 8
Sculpture 14, 15, 54, 55
Scuole (Venise) 44
Sénèque 32
Sforza, Lodovico 38, 39
Sienne 10, 11
Sixtine, chapelle 52, 53, 54, 56, 57
Sluter, Claus 14
Strozzi, Palla 17
Strozzi, famille 24

Tintoret 44, 47
Titien 7, 44, 46, 47, 48
Tornabuoni, famille 13
Tura, Cosimo 33

Uccello, Paolo 23, 28

Van der Goes, Hugo 4, 20, 21
Van der Weyden, Rogier 20, 21, 25
Van Eyck, Jan 7, 20
Van Scorel, Jan 3, 58, 59
Vasari, Giorgio 6, 28, 32, 36, 48, 54
Vatican 52, 53, 56, 57
Venise 44, 45
Véronèse, Paolo 44, 45
Verrocchio, Andrea del 26, 27, 36
Vitruve 30
Voragine, Jacques de 8

Wilton, diptyque 16

Pages 32-33 Botticelli et la mythologie
p. 32 : hd : Page extraite des *Fasti*, Ovide, Biblioteca Riccardiana, Florence ; cg : Armoiries des Medicis ; pp. 32-33 : bg (détail), b : *Le Printemps*, Sandro Botticelli, UF/SC ; p. 33 : hg, cg, c : détails du *Printemps* ; cd : *Laurent de Medicis recevant les participants du Calendimaggio*, Anon, bois gravé extrait des *Canti Carnascialeschi* ; bc : Médaille de Guarino da Verona, BM ; bd : *Figure allégorique*, Cosimo Tura, NG

Pages 34-35 L'apparition du paysage
p. 34 : g, cg (détails), hg : *Mise au tombeau*, Dierick Bouts, NG ; p. 34-35 : b : *Le Christ au jardin des Oliviers*, Giovanni Bellini, NG ; p. 35 : hg : *Le Christ au jardin des Oliviers*, Andrea Mantegna, NG ; hd : *Vue de la vallée de l'Arno*, Léonard de Vinci, Department of Prints and Drawings, UF/SC ; cd : *Saint Jérôme dans un paysage montagneux*, attribué à Joachim Patenier, NG ; bd : *La Tempête*, Giorgione, Accademia, Venice/SC

Pages 36-37 Le génie de Léonard
p. 36 : hg (détail) : *David*, Andrea del Verrocchio, Bargello, Florence/Alinari ; hd (détail) : Registe de l'Académie de Saint Luc, Archives de l'Etat, Florence/SC ; cg : *Étude pour une tête de femme*, Andrea del Verrocchio, BM ; bg : *La Joconde*, Léonard de Vinci, ML ; c, bc (détails), bd : *La Vierge aux rochers*, Léonard de Vinci, NG ; p. 37 : h : *La Vierge et l'Enfant avec saint Jean Baptiste et sainte Anne*, Léonard de Vinci, NG ; bd : Détail d'un *carton pour une allégorie* (*Vision d'un chevalier*), Raphaël, NG

Pages 38-39 Les expérimentations de Léonard de Vinci
p. 38 : hd : Lira da braccio, A. Andrea, KM ; c : *Dessin d'un déluge*, Léonard de Vinci, The Royal Collection © 1994 Her Majesty Queen Elizabeth II ; bg : *Étude anatomique des muscles du bras*, Léonard de Vinci, The Royal Collection © 1994 Her Majesty Queen Elizabeth II ; bd : Maquette de Léonard de Vinci pour une machine volante, dessinée et construite par James Wink, Tetra Assoc. 1988/Hayward Gallery, London/Photo : Ian Hessenberg ; p. 39 : hg : *Dessin pour une machine volante*, Léonard de Vinci, Bibliothèque de l'Institut de France/Photo : Bulloz ; hd : *Profils d'un vieillard et d'un jeune homme*, Léonard de Vinci, Department of Prints and Drawings, UF/SC ; cd : *Fonte d'un cheval de bronze monumental*, Léonard de Vinci, Biblioteca Nacional, Madrid ; bd : *Machines militaires*, Léonard de Vinci, BM

Pages 40-41 Dürer le pionnier
p. 40 : hd : *Portrait du père de l'artiste*, attribué à Albrecht Dürer, NG ; cd : *Les quatre Apôtres*, Albrecht Dürer ; bg : *Une grosse touffe d'herbe*, Albrecht Dürer, Graphische Sammlung Albertina, Vienna ; p. 41 : hg : *Vue de la vallée de l'Arco*, Albrecht Dürer, ML/SC ; hd : *Le chevalier, la Mort et le Diable*, Albrecht Dürer ; bg (gravé), bd (gravure) : *Saint Jérôme dans son cabinet de travail*, Albrecht Dürer, Oeffentliche Kunstsammlung Basel, Kupferstichkabinett/Photo : Martin Bühler

Pages 42-43 La Réforme
p. 42 : hd : *La Tentation de saint Antoine*, Matthias Grünewald, © Musée d'Unterlinden, Colmar/ Photo : O. Zimmermann ; bc, bd (détails), g : *La Tentation de saint Antoine*, Jérôme Bosch, Museo Nacional de Arte Antiga, Lisbonne/BAL ; p. 43 : hg : *Saint Antoine devant la ville*, Albrecht Dürer, Archiv für Kunst und Geschichte, Berlin ; hd : *Les Ambassadeurs*, Hans Holbein le Jeune, NG ; cg : *L'Astronome* tiré de *La Danse de la Mort*, Hans Holbein le Jeune, Mary Evans Picture Library ; bg : Page de titre, Nouveau Testament, Martin Luther, 1546, Archiv für Kunst und Geschichte, Berlin ; bd : *Retable de la Réforme*, Lucas Cranach l'Ancien, St. Marien de Wittenburg/Archiv für Kunst und Geschichte, Berlin

Pages 44-45 La République de Venise
p. 44 : hd : Ducat d'or, BM ; cg : Scuola Grande di San Marco, vue de l'est, Venise, SC ; c : Le Palais des Doges, Venise, SC ; cd : *Le Doge Leonardo Loredan*, Giovanni Bellini, NG ; b : La Bibliothèque Marciana et le Campanile, Venise, Jacopo Sansovino, SC ; p. 45 : hg : *Le Couronnement de la Vierge avec des saints*, Giovanni Bellini, San Zaccaria, Venise/SC ; hd : Fragment d'une carte du monde, Musée de la Marine/Mary Evans Picture Library/Explorer ; cd : Pigments et épices ; bg : *Les Noces de Cana*, Paolo Veronese, ML ; bd : Brocard de soie, Museo del Tessuto, Prato/Photo : Nicola Grifoni

Pages 46-47 Titien, le maître de la couleur
p. 46 : hg : Page de titre, *Dialogues sur la Peinture*, Lodovico Dolce, BL ; bg, bd : *L'Assomption et le couronnement de la Vierge*, Titien, Santa Maria dei Frari, Venise, Francesca Turio Bohm/BAL ; p.47 : hd, cd, cg (détails), hg : *Bacchus et Ariane*, Titien ; bg : *Les origines de la voie lactée*, Tintoret, NG ; bd : *Portrait d'homme*, Titien, NG

Pages 48-49 L'apogée de la Renaissance
p. 48 : hg : *Portrait de Baldassare Castiglione*, Raphaël, ML ; bd (détail), hd : *Tobie et l'archange Raphaël*, Pietro Perugino, NG ; hc : *L'Apollon du Belvédère*, Musées du Vatican ; bg : Page de titre, *Le Livre du courtisan*, Baldassare Castiglione, Biblioteca Medicea Laurenziana, Florence ; bg : Palais ducal, Urbain, Spectrum Colour Library ; p. 49 : hg : *La Madone Garvagh* – titre complet, *La Vierge et l'Enfant avec saint Jean Baptiste enfant* –, Raphaël, NG ; cd (détail), hd : *La Bataille d'Issus*, Albrecht Altdorfer, Alte Pinakothek/Archiv für Kunst und Geschichte, Berlin ; bg : *L'Assomption de la Vierge*, Le Corrège, Cathédrale de Parme/SC

Pages 50-51 Le renouveau de Rome
p. 50 : hg : Bois gravé extrait de *Antique Urbis Romae cum Regionibus Simulacrum*, Marco Fabio Calvo, Rome, 1527 ; cd : *Laocoon*, Museo Pio-Clementino, Vatican, Rome/SC ; bg : *Le Triomphe de Galatée*, Raphaël, Villa Farnesina, Rome/SC ; bd : Villa Farnesina, Rome ; p. 51 : hg : *Plan de la basilique Saint-Pierre*, Bramante, Department of Prints and Drawings, UF/SC ; hd : *Dessin pour la façade, Saint-Pierre*, Vatican, Bramante, sur une médaille de bronze de Caradosso, BM ; cd : Saint-Pierre, Rome, World Pictures ; bg : *Tempietto*, Bramante, San Pietro in Montorio, Rome ; bd : Appartements du cardinal Bibbiena, vue des Loges de Raphaël, Musées du Vatican, Rome

Pages 52-53 Raphaël et les Chambres du Vatican
p. 52 : hd : *La Philosophie*, Raphaël, Vatican, Rome, SC ; p. 52-53 : b : *L'École d'Athènes*, Raphaël, Vatican, Rome, SC ; p. 53 : hd : *Portrait du pape Jules II*, Raphaël, NG ; cd : *La Libération de saint Pierre*, Raphaël, Vatican, Rome, SC ; bd : *Le Parnasse*, Marcantonio Raimondi, The Whitworth Art Gallery, University of Manchester

Pages 54-55 Les « divins » pouvoirs de Michel-Ange
p. 54 : hd : *Monument à Michel-Ange* (détail), Vasari, Santa Croce, Florence ; c (détail), g : *David*, Michel-Ange, Accademia, Florence, SC ; bc : Carrières de marbre, Carrare ; bd : Sonnet, *Rime di Michelangelo Buonarotti*, Michel-Ange, édition de 1851 ; p. 55 : hg : *Le Tondo Doni*, Michel-Ange, UF/SC ; hd : Hall d'entrée, Bibliothèque Laurentienne, 1524-1534, escalier terminé en 1559, Michel-Ange et Bartolomeo, SC ; bg, bc (détail : *Moïse*) : *Le tombeau de Jules II*, Michel-Ange, San Pietro in Vincoli, Rome, SC ; bd : *Le Captif aux jambes croisées*, Michel-Ange, Accademia, Florence, SC

Pages 56-57 Le Plafond de la Sixtine
p. 56 : hg : *Le Torse du Belvédère*, Museo Pio-Clementino, Vatican, SC ; cg : *La Sibylle de Delphes* (avant restauration), Michel-Ange, SC ; bg : *L'Annonciation*, Pontormo, Santa Felicità, Rome ; bc : *La Sibylle de Delphes* (après restauration), Michel-Ange, © Nippon Television Network Corporation 1994 ; p. 57 : *Le Plafond de la Sixtine*, Michel-Ange, © Nippon Television Network Corporation 1994

Pages 58-59 L'Europe du Nord et l'Italie
p. 58 : hd : Gravure du XVIIIe siècle représentant la cour du Belvédère, Photo : Musées du Vatican/Ikona ; g : *Neptune et Amphitrite*, Jan Gossaert, Staatliche Museen zu Berlin, Preussicher Kulturbesitz Gemäldegalerie ; cd : *Venus Felix et l'Amour*, Museo Pio-Clementino, Vatican, SC ; bc : *Mars et Venus*, Jacopo de Barbari, Graphische Sammlung Albertina, Vienne ; p.59 : g : *La Présentation de Jésus au Temple*, Jan van Scorel, KM ; hd : *Vieille femme*, d'après Quentin Massys, NG ; cd : *Bonifacius Amerbach*, Hans Holbein le Jeune, Oeffentliche Kunstsammlung, Basel, Kunstmuseum/Photo : Martin Bühler, Bale ; bd : *Couple de vieillards*, Jan Gossaert, NG

Pages 60-61 Le Maniérisme
p. 60 : hd : *Autoportrait dans un miroir convexe*, Parmesan, KM ; bg : *Cupidon se plaignant à Venus*, Lucas Cranach l'Ancien, NG ; bd (détail), d : *La Bataille de Cascina*, Sangallo, Holkham Hall, Norfolk, England ; p. 61 : c (détail), hg : *Allégorie avec Venus et Cupidon*, Agnolo Bronzino, NG ; hd : *Projets de masques*, Rosso, gravures de René Boyvin, BM ; cd : *Joseph en Égypte*, Ghiberti, MD ; bg : *Joseph en Égypte*, Pontormo, NG

Pages 62-63 : Chronologie, Glossaire
p. 62 : b : *Vue de Florence* (p. 12) ; p. 63 : g (détail) : *La Rencontre à la Porte dorée* (p. 8)

REMERCIEMENTS

Abréviations :
h : haut ; b : bas ; c : centre ; g : gauche ; d : droite

Photographies de Dorling Kindersley :
Alison Harris : p. 2 : bc ; p. 3 : hd ; p. 12 : hd, cd, c, bd ; p. 13 : hg, hd, cg, cd, bd ; p. 14 : c, b, cd ; p. 32 : cg ; p. 54 : hd ; p. 61 : bd ; p. 62 : b Philippe Sebert : p. 36 : bg Philip Gatward : p. 14 : cg ; p. 56 : bg John Heseltine : p. 15 : bd ; p. 48 : hc ; p. 50 : bd ; p. 51 : bg ; p. 54 : bc Dave King : p. 43 : c

Maquettes : James Mills-Hicks : p. 6-7 : c Simon Murrell : p. 53 : hg ; p. 56 : hd

Prêt de matériels : A.P. Fitzpatrick Art Materials : p. 45 : cd G. D. Warder and Sons, Gilders : p. 11 : cd

Dorling Kindersley tient à remercier :
La direction de la National Gallery, Londres, B. A. R. Carter ; le professeur John White, Ben Rubinstein, James Wink, Signora Pelliconi, Architetto Fiorini, Signora Camalinghi, la direction du musée dell'Opera del Duomo à Florence, Sam Cole, Jo Walton, Peter Jones, Job Rabkin, Susannah Steel, Mark Johnson Davies, James Mills-Hicks et Hilary Bird.

Remerciements de l'auteur :
J'aimerais remercier ceux qui m'ont aidé à faire ce livre : Erika Langmuir, Sam Cole, Alison Harris, David Downie, Philip Steadman, l'équipe éditoriale de Eyewitness Art : Tracy Hambleton-Miles, Julia Harris-Voss, Jo Evans, Simon Murrell, Peter Jones et l'éditrice Luisa Caruso, sans oublier Keith, Jay et Louis.